청소년
설교 체인지

청소년
설교 체인지

ⓒ 생명의말씀사 2022

2022년 7월 18일 1판 1쇄 발행
2022년 9월 21일 2쇄 발행

펴낸이 | 김창영
펴낸곳 | 생명의말씀사

등록 | 1962. 1. 10. No.300-1962-1
주소 | 서울시 종로구 경희궁1길 6 (03176)
전화 | 02)738-6555(본사)·02)3159-7979(영업)
팩스 | 02)739-3824(본사)·080-022-8585(영업)

지은이 | 이정현

기획편집 | 서정희, 김유미
디자인 | 조현진
인쇄 | 영진문원
제본 | 보경문화사

ISBN 978-89-04-07147-0 (03230)

저작권자의 허락없이 이 책의 일부 또는 전체를
무단 복제, 전재, 발췌하면 저작권법에 의해 처벌을 받습니다.

청소년 설교 체인지

설교가 변하면, 청소년이 변한다!
부흥을 일으키는 청소년 설교 컨설팅

이정현 지음

생명의말씀사

추천사

꼭 소장하여 읽고 또 읽으라! 조금씩 길이 보일 것이다.

가장 영광스럽고 한편으론 가장 고통스러운 것이 설교자의 삶이다. 준비하는 과정부터 원고를 써 내려가고, 전달하기까지 과정이 절대 만만치 않다. 더군다나 청소년을 대상으로 설교하는 일은 최고 난이도 수술을 하는 것과 같다. 들으려는 마음이 거의 없는 아이들에게 설교를 한다는 자체가 미련한 일처럼 보이기까지 한다.

이정현 목사님은 이 힘든 길을 무던히 걸어 온 사람이다. 『청소년 설교 체인지』에서 저자의 고뇌와 열정이 그대로 전해져 온다. 머리에서 나온 글이 아니라 삶에서, 가슴에서 나온 열정이 글이 되었다. 그뿐만 아니라 다음 세대를 섬길 후배 사역자를 향한 애정도 고스란히 담겨 있다. 청소년을 향한 열정을 가졌으나 어떻게 설교해야 할지 고민하는 이에게 주저 없이 추천한다.

꼭 소장하여 읽고 또 읽으라! 조금씩 길이 보일 것이다.

_ 강은도(더푸른교회 담임목사)

책장을 넘기는 순간 청소년 설교의 빛나는 체인지가 시작된다.

사실, 청소년 설교가 매우 어렵습니다. 장년 설교를 잘하는 분들도 청소년을 대상으로 설교할 때 땀을 뻘뻘 흘리며 고전을 면치 못하는 경우가 많습니다. 이정현 목사님의 책은 이런 상황을 확실하게 변화시킬 방법을 알려줍니다.

이 변화에는 청소년을 향한 사랑이 핵심 동력으로 자리 잡고 있습니다. 가장 훌륭하게 설교할 수 있는 첫걸음이 청중을 사랑하는 것이기 때문입니다. 이 책을 읽으면서 이정현 목사님이 얼마나 청소년을 사랑하는지 거듭거듭 느낄 수 있었습니다.

더불어 이 책에는 청소년 설교를 효과적이고 임팩트 있게 할 수 있는 구체적인 방법들이 잘 나타나 있습니다. 청소년에 대한 분석, 그들의 관심을 사로잡기 위한 전략들, 구체적인 설교 준비 방법 등을 제시하며 청소년 설교를 어렵게 생각하는 분들이 용기를 내서 구체적으로 준비할 수 있도록 친절하게 안내합니다.

설교자들은 이 책을 통해 고통스러웠던 청소년 설교가 즐거운 청소년 설교로 바뀌는 것을 경험하게 될 것입니다. 매주 학업의 부담과 세상 문화의 유혹 속에서 길을 잃고 방황하는 청소년들을 말씀으로 새롭게 깨우는 경험을 하게 될 것입니다.

청소년, 그들에게 삶의 변화와 믿음의 도약을 주고 싶다면, 이 책을 읽으십시오. 책장을 넘기는 순간 청소년 설교의 빛나는 체인지가 시작될 것입니다.

_ 권호(합동신학대학원 설교학 교수)

청소년 설교자를 위한 체(體). 인(認). 지(志).

설교는 흔히 본문과 청중의 다리 잇기라고 합니다. 설교를 배울 때는 정확히 균형 잡힌 개념이라며 백번 공감하지만, 실제 설교에서는 그 '균형'이 오히려 '비효율적'일 때가 많습니다. 왜냐하면 설교는 본문에 근거하면서도, 이 시대를 향한 청중의 상황과 필요를 향하기 때문입니다.

이정현 목사님의 『청소년 설교 체인지』는 이 시대를 살아가는 청소년을 향한 설교의 '균형'을 이루는 길을 제대로 소개하고 있습니다. 이 책이 비추는 길을 따라가면, 청소년을 사랑해서 '기울어진' 청중 공감이 말씀 공명으로 '증폭되는' 설교의 비결을 배울 수 있습니다. 저자의 간결하고 힘 있는 글에 23년 동안 청소년 설교자로서 전하고자 했던 빛과 열기, 수고와 땀이 녹아 있습니다. 그래서인지 책의 내용이 쉽게 그러나 깊이 들어옵니다.

무엇보다 이 책은 오늘날 청소년들이 변화되기를 바라는 설교자에게 자신이 먼저 변화되어야 할 체(體). 인(認). 지(志)가 무엇인지 잘 보여 줍니다. 우리 청소년들에게 신뢰감을 주는 설교자의 특징, 그들에게 들리는 설교가 지니는 적용의 궤도와 좌표, 그리고 본문이 보이는 주제들과 청소년들이 바라는 화제들을 엮어내는 장기적 설교 실천 계획과 주중 설교 작성 과정까지 모두 담아놓았습니다. 다음 세대를 가슴에 품은 설교자라면 이 책을 꼭 읽어 보십시오.

_ 김대혁(총신대학교 설교학 교수)

청소년 설교자들에게 선물하는 환희.

저는 지금으로부터 20여 년 전 덥고 메마른 텍사스의 사우스웨스턴신학교에서 이정현 목사님을 처음 만났습니다. 목사님은 당시 박사과정에서 청소년 사역을 연구하고 계셨는데 저는 목사님에게서 남다른 뜨거움을 보았습니다. 그것은 하나님 나라에 대한 불타는 갈망과 다음 세대를 향한 애타는 마음이었습니다.

『청소년 설교 체인지』는 이런 이정현 목사님의 영적 뜨거움과 현장의 노하우가 생생하게 녹아 있는 책입니다. 안타깝게도 복음의 첫사랑을 잃은 듯한 대한민국은 점점 복음의 황무지로 변해, 특히 다음 세대인 청소년들에게 신앙을 전수하기 어려운 실정입니다.

이러한 때, 다음 세대인 청소년들을 가슴에 품고 주님의 말씀으로 세우기를 소망하는 분들이라면 본 도서를 필독하기를 권합니다. 하나님이 다음 세대를 얼마나 사랑하시는지, 청소년들을 통해 하나님 나라를 세우기를 얼마나 원하시는지, 하나님의 영혼 사랑으로 가슴이 두근거릴 것입니다. 하나님의 비전이 나의 비전으로 더욱 명확해질 것입니다. 무엇보다 청소년들에게 어떻게 다가가야 하고, 청소년 설교를 어떻게 해야 할지, 구체적인 방법에 목말라하는 설교자들에게 환희에 찬 미소를 선물할 것입니다.

본 도서가 청소년을 하나님 나라의 일꾼으로 세우는 일을 비전으로 품은 자들과 사역자들에게 빈 들의 마른풀을 적셔주는 하늘의 빗줄기로 임하기를 기도하며 소망합니다.

_ 임도균(한국침례신학대학교 설교학 교수)

목차

추천사 04
프롤로그 _ 하나님의 말씀은 그 자체가 능력이다   12

Change 1.
자신의 설교를 점검하라! _ "왜 내 설교는 별로일까?"

1. 지나친 자기 확신을 하고 있는가?   20
2. '청소년 설교'를 제대로 배웠는가?   21
3. 청소년 사역에 은사가 있는가?   23
4. 설교 준비를 제대로 하고 있는가?   24
5. 청소년들의 필요를 파악하고 있는가?   25
6. 청소년 설교의 롤 모델이 있는가?   26

Change 2.
청소년 청중을 제대로 이해하라!

1. 청소년 이해의 실패는 청소년 설교의 실패다   32

2. 청소년 내면의 그림자까지 이해하라   34

3. 반드시 알아야 할 설교 대상으로서의 청소년   36

    장년보다 집중 시간이 짧다 | 장년과 배우는 방식이 다르다 | 에너지 넘치는 설교를 선호한다 | 재미있는 설교를 좋아한다 | 이야기를 좋아한다 | 음악을 좋아한다 | 소통하는 설교를 좋아한다 | 새로운 것을 좋아한다

4. 청소년을 알기 위해서 설교자가 해야 할 일   49

Change 3.

청소년들이 좋아하는 설교자가 되어라!

1. 따뜻함과 친근감과 보살핌이 있는 설교자   61
2. 말이 아닌 삶으로 보이는 설교자   63
3. 인격을 보여 주는 설교자   65
4. 열정적인 설교자   67

Change 4.

청소년 설교 커리큘럼을 디자인하라!

1. 청소년 설교, 커리큘럼이 왜 필요한가?   72
2. 청소년을 위한 커리큘럼 개발하기   75

Change 5.

이제, 청소년 설교 이렇게 하라!

1. 설교의 주제를 잡아라 82
2. 명 설교자의 설교 준비를 따라 하라 83
3. 청소년 설교의 11단계 베이직 85
4. 청소년 설교의 예 92

에필로그 _ 처음부터 잘하는 설교자는 없다 122

부록 1. Q&A. 목사님, 청소년 설교가 궁금해요! 128
부록 2. 청소년, 청소년 사역자 대상 「설교 설문 조사」 결과 136

프롤로그

하나님의 말씀은 그 자체가 능력이다

23년간 청소년 사역을 하면서 가장 즐겁고 행복한 순간이 언제였냐고 물어보면, 나는 "설교하는 시간"이라고 답할 것이다. 내가 사역했던 교회에서 우리 교회 학생들에게 설교한 그 시간은 어떠한 시간과도 비교할 수 없을 만큼 행복했다. 천여 명이 넘게 모이는 대형 집회에서 설교하는 것보다, 본당을 가득 채운 어른 성도들 앞에서 설교하는 것보다, 나는 우리 교회 학생들에게 설교하는 시간이 가장 흥분되고 신났었다.

어떤 분은 이런 내가 이해되지 않을 수도 있다. 왜냐하면, 청소년들은 가만히 앉아서 긴 시간 다른 사람의 이야기 듣기를 힘들어하기 때문이다. 실제로 청소년들의 51%는 설교 시간이 지루하다고 했으며, 그 결과 담당 교역자가 싫다고 답변하는 청소년도 많았다.[1] 교회에서 가장 재미없는 시간이 설교 시간인 곳이 허다하다. 그런데 청소년들이 설교를 지루해하고, 설교 시간을 가장 힘든 시간으로 여기는 것이 얼마나 심각한 문제인지 모르는 사역자가 많은 듯하다.

미국에서 'Young Life'라는 청소년 선교 단체를 창시한 전설적인 청소년 사역자, 짐 레이번(Jim Rayburn) 목사는 "학생들을 지루하게 만드는 것은 죄다"라는 명언을 남겼다.

나는 청중이 말씀을 제대로 먹지 못하고 있다면, 그 죄가 사역자에게 있다고 생각한다. 그런 의미에서 나는 죄짓지 않기 위해서 열심히 설교 준비를 했다.

그래서인지 우리 학생들 모습에서 고개를 푹 숙이거나, 핸드폰을 하거나, 빨리 설교가 끝나기만을 고대하는 지루함이 가득한 모습은 별로 보지 못했다. 오히려, 대부분이 말똥한 눈방울로 설교에 집중했다. 청소년들의 눈망울에 내 눈망울이 마주칠 때, 나는 흥분하는 설교자가 되었다. 별것도 아닌 내용에 열렬히 반응해 주는 청소년들의 리액션은 설교하는 내내 내 심령을 불태워 주었다.

23년간 청소년 사역을 하면서 부흥을 경험했다. 그것도 매우 큰 부흥이었다. 그렇다면 그 부흥은 과연 무엇일까? 청소년 심령들이 불타오르는 부흥이었다. 이른바 '노답'이라고 불리는 세대인 중학생들이 설교에 반응을 보였다. 북한의 김정은도 무서워한다는 중학교 1학년,

2학년 학생들에게 설교 후 감동의 문자가 오곤 했다.

"목사님, 오늘 설교 정말 은혜로웠어요. 한 주 동안 사는 데 큰 힘이 될 것 같아요."

이런 게 부흥이 아니면 무엇이 부흥이겠는가?

누군가가 나에게 "목사님, 청소년 사역의 비법이 무엇입니까?"라고 묻는다면, 나는 단연코 '말씀'이고, '설교'라고 말하겠다. 하나님의 말씀은 그 자체가 능력이기 때문에 청소년이든 누구든 다 변화시킬 수 있다. 따라서 이 시대 청소년 사역에서 가장 중요한 것은 말씀이다. 사역자는 다른 것으로 청소년 사역에 승부를 걸 것이 아니라, 반드시 말씀으로 승부를 내야 한다.

무엇보다 청소년들은 설교 잘하는 사역자를 찾고 있다. 이번 책을 준비하면서 실시한 온라인 설문 조사*에서 청소년들이 가장 원하는 사역자 1등이 바로 '설교 잘하는 사역자'였다. 무려 44%가 이렇게 답변했다.

이게 무슨 뜻일까? 나는 '청소년들이 말씀을 듣길 원한다'고 해석한다. 청소년들은 주일 예배 시간에 듣는 설교 말씀을 통해서 은혜받길 원하고 있다. 그러나 안타깝게도 매주 은혜받고 있다고 답한 청소년은 약 10%밖에 되지 않았다. 이 책임은 누구에게 있을까? 나는 청소년들을 대상으로 설교하는 바로 우리에게 있다고 본다.

어떻게 하면 청소년에게 딱 맞는 설교를 할 수 있을까? 많은 청소년 사역자들이 설교에 애를 먹고 있다. 모든 청소년 사역자들은 설교를 잘하고 싶고, 말씀을 통해서 학생들에게 은혜를 주고 싶을 것이다. 그런 노력에도 불구하고, 청소년 사역자들의 41.7%가 청소년들의 상황에 맞는 설교를 하기가 어렵다고 답했다.**

나는 지난 23년간 청소년 사역의 경험을 토대로, 청소년 사역자들의 설교에 도움을 주고 싶어서 이 책을 집필하게 되었다. 감사하게도, 미국에 유학을 갔을 때 맨 처음 설교학을 잠깐 전공했었다. 그리고 중간에 전공을 바꿔서 청소년 교육을 계속 공부했다. 그리고 지금, 하나님의 오묘한 섭리인지 설교학과 청소년 교육학을 접목하는 책을 집필하게 된 것이다.

부디, 이 책이 청소년 사역자들의 말씀 사역에 도움이 되기를 소망한다.

---

* 2022년 2월 14일에서 20일까지 청소년 209명을 대상으로 온라인에서 '청소년들의 설교'에 관한 설문 조사를 진행했다. 이하 '청소년을 대상으로 조사한 청소년 설교에 대한 온라인 설문 조사'로 표기한다.
** 2022년 2월 3일부터 7일까지 청소년 사역자 122명을 대상으로 이정현 목사의 페이스북 개정을 활용해 온라인에서 설문 조사를 진행했다. 이하 '청소년 사역자를 대상으로 조사한 청소년 설교에 대한 온라인 설문 조사'로 표기한다.

Change 1.

자신의 설교를 점검하라!
_ "왜 내 설교는 별로일까?"

교육 전도사 시절, 특이한 교회에서 사역한 적이 있다. 그 교회는 중고등부 담당 전도사를 교사들과 학생들의 투표로 뽑았다. 지금 생각해도 매우 파격적인 교회였다. 교사들과 학생들이 직접 담당 전도사를 선택할 수 있는 교회는 많지 않기 때문이다.

지원자 중에 서류를 통과한 후보자들을 순서대로 중고등부 예배 시간에 설교를 하게 했다. 그리고 모든 후보자의 설교가 끝난 뒤에 교사와 학생들이 투표하여 담당 사역자를 선택하는 시스템이었다.

내가 마지막 설교자였는데, 나보다 먼저 설교를 한 전도사님은 학벌이 매우 좋았다. 또한 신학교에서 배운 내용을 학생들에게 즉시 전달해 주고자 하는 열의가 있었다. 그분의 설교는 성막 설교였고, 40분 넘게 신학교에서 하는 강의식으로 설교를 했다. 덕분에 내가 손쉽게(?) 그 교회 사역자가 될 수 있었다.

그 전도사님은 누구보다 말씀 준비를 잘했다고 생각한다. 그런데 왜, 그분이 탈락했을까? 아마도 청소년들에게 들리는 설교를 못 했던 것 같다.

『우리 목사님은 왜 설교를 못할까』의 저자 데이비드 고든은 '요점이 분명해서 잘 들리고 기억에 남는 설교'가 15%밖에 되지 않는다고 했다.[2] 대부분의 설교가 청중에게 잘 들리지 않고 있다는 뜻이다.

또 다른 이유를 생각해 보면, 그분의 설교가 지루했던 것 같다. 최근 실시한 청소년 설문 조사에서 청소년들은 담당 교역자들 설교의 문제점으로 '설교가 너무 지루하다(22.4%)'와 '설교하는 방식이 딱딱하다(13.5%)'를 가장 많이 꼽았다.[3]

당신에게도 청소년 설문 조사 결과와 비슷한 일이 일어날 수 있다. 당신이 누구보다 열심히 설교 준비를 했는데 정작 청소년들은 그 설교를 원하지 않을 수 있다. 물론 교회에서 사역자들에게 직접 "목사님의 설교는 지루해요." "목사님의 설교 방식이 너무 딱딱하게 느껴져요."라고 말하는 청소년은 거의 없다. 그래서 청소년 설교자들이 자신의 모습을 객관적으로 볼 수 있는 방법이 흔하지 않다는 점도 문제인 것 같다.

청소년 사역자들은 어떤 이유로 설교에 실패하고 있을까? 이 부분을 조금 더 객관적으로 살펴보도록 하겠다.

1. 지나친 자기 확신을 하고 있는가?

보통 신학대학원 재학 시절에 중고등부 사역을 담당한다. 이때가 전도사님들의 구령에 대한 열정이 가장 크고 사명은 엄청나게 불타오를 때다. 신학교에 입학하여 배운 성경 언어는 마냥 신기하기만 하며, 그간 한글 성경을 읽으며 오해하고 있었던 몇 부분을 바로 잡으면서 직접 해석해 내는 기쁨은 말로 표현할 수 없다.

학교에서 신학을 배우면, 한 시간이라도 빨리 써먹고 싶은 생각이 든다. 그래서 교회 학생들을 대상으로 바로 실습을 한다. 어찌 보면 매 주일 중고등부 예배 시간이 '실험 현장'이 된 것이다. 그러면 교회 학생들은 자연스럽게 '실험 대상'이 된다.

청소년기의 인지적 특징과 그들의 문화적 상황들을 전혀 고려하지 않고 무작정 말씀으로 나아가는 사역자가 꽤 많다. 왜냐하면 말씀은 능력이 있다고 믿기 때문이다. 하지만 이때 중요한 사실을 간과한다. 팀 켈러가 말했듯이 "용기 있게 전해도 아무도 듣지 않을 수 있다."[4]는 점이다.

모 신학교에서 박사과정에 있는 학생들에게 '청소년 사역론'을 가르칠 때, 구약학 전공 학생이 내 수업에 들어왔다. 그는 히브리어에 능통하고, 이미 구약 각 권의 전문가였다. 그러기에 자기 설교에 엄청난 확신이 있었다. 그런데 첫 수업 시간에 그 학생에게 '청소년들을 얼마나 이해하느냐'라고 하면서, 몇 가지 질문을 던졌더니 매우 당황했다. 그리고 내가 아이들의 눈높이에 맞춰서 설교했던 영상을 보여 주었더니 충격을 받았다. 그는 자신의 설교가 최고이고, 자신의 설교 방법론이 옳다고 생각하며 사역을 해왔다. 하지만, 엄청난 오산이었다. 그 교회 학생들은 그분의 설교를 결코 좋은 설교로 여기지 않았을 확률이 매우 높다.

설교에 대한 확신이 설교자에게 꼭 필요하지만, 자신의 설교에 대한 지나친 확신과 자신감은 청소년들에게 고통을 줄 수 있다는 것을 알아야 한다.

2. '청소년 설교'를 제대로 배웠는가?

신학교에 입학하면 설교학을 배운다. 엄밀히 말하면, 그때 배우는 설교학은 장년을 대상으로 설교할 때 활용할 수 있는 설교학이다. 그 설교 방법론은 장년부 설교를 할 때는 유용하지만, 청소년을 대상으로 설교할 때는 맞지 않는 부분이 있다.

청소년 설교는 장년 설교와 다른 점이 많다. 우선 대상이 다르다. 중학생을 가르치기 위해서는 사범대에서 교육학 공부를 해야만 한다. 이때 단순히 전공 수업만 듣지 않는다. 교육할 대상의 연령에 맞는 교육 방법론, 교육 공학, 교육 심리를 다 배운다. 교육하는 대상이 다르다면 전달하는 방식도 달라야 하기 때문이다.

이렇게 볼 때, 청소년 설교자가 되려면 반드시 '청소년 설교 교육'을 받아야 한다. 하지만 현실에서 청소년 설교를 제대로 배우고 설교하는 사역자는 드물다. 대부분 여러 실험 대상을 거쳐서 청소년 설교자가 된다.

아래의 그림은 설교자가 청소년들에게 효과적으로 말씀을 증거하려면 4가지 써클 안에 있어야 한다고 말한다. 첫째, 청중인 청소년들을 이해해야 하고, 둘째, 증거하는 본문의 내용을 완전히 이해해야 하며, 셋째, 청소년에게 말씀을 전달하는 기술을 습득해야 한다. 마지막으로 이 모든 말씀 증거 사역이 오직 성령의 능력으로 이루어진다는 사실을 깨달아야 한다. 이런 준비 과정이 없다면, 당신의 교회 학생들은 실험 대상이 될 수 있다.

청소년들에게 효과적으로 말씀을 증거하기 위해 필요한 요소[5]

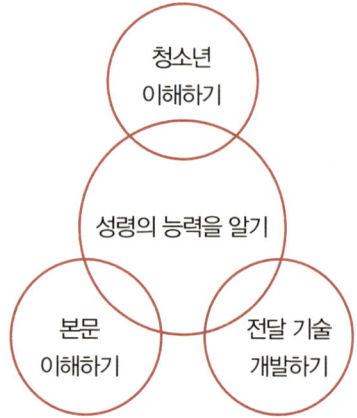

3. 청소년 사역에 은사가 있는가?

청소년 사역을 하게 되는 동기는 매우 다양하다. 청소년 사역에 특별한 관심이나 은사가 없어도 청소년 사역을 하는 경우가 꽤 많다. 그냥 담임 목사가 하라고 해서 하거나, 교역자 서열에 의해서 하거나, 사역자 공백이 생겨서 땜빵으로 청소년부를 맡기도 한다.

다른 사역도 그 분야에 맞는 은사가 있어야 하는데, 청소년 사역은 정말 은사가 필요한 분야다. 특히 청소년들에게 설교하는 것은 은사가 없으면 매우 힘들 수 있다.

일례로 주변에 청소년 설교를 탁월하게 하는 전문 강사를 보아라. 그들의 언변은 타고났다. 그들은 타고난 황금 입이다. 후천적으로 만들어진 사역자는 소수다. 그런데 청소년에 대한 특별한 은사도 없고, 말주변도 없고, 타고난 성격이 내성적으로 아이들과 어울리는 것을 좋아하지도 않으면서, 매주 청소년 설교를 하고 있다면, 엄청난 고역일 것이다.

물론 노력하면 꽤 좋아질 수는 있다. 하지만, 끝까지 노력해도 잘 안 되는 경우가 있다. 나는 청소년 사역에 은사가 있는가? 그냥 어쩔 수 없이 설교를 하고 있는가? 반드시 점검해 봐야 한다. 청소년 사역에 특별한 은사가 없다면, 청소년들에게 설교하는 당신도 힘들고 설교를 듣는 청소년들도 설교 시간이 가장 힘든 시간이 될 수 있다.

4. 설교 준비를 제대로 하고 있는가?

설교 준비에는 꽤 많은 시간이 소요된다. 미국 라이프웨이 통계에 의하면, 70%의 목회자가 설교 1편을 준비하기 위해서 10-18시간을 사용한다고 답했다.[6] 생각보다 많은 시간이 소요되기 때문에 월요일부터 설교를 준비하는 사역자도 많다.

설교 준비는 하루 만에 하기보다 매일 꾸준히 하는 편이 훨씬 더 효과적이다. 설교 준비에 생각보다 많은 시간과 에너지가 들어가기 때문이다. 필자도 신학대학원 시절에 화요일부터 시작되는 학교 공부의 양이 많아서 성경 본문 주해는 늘 월요일에 했던 기억이 있다.

보통은 설교를 준비하려면 먼저 본문을 정하고, 그다음 정해진 본문을 주해하고 연구해야 한다. 이후에 그 본문을 묵상하면서 완전히 나의 것으로 만들어야 한다. 청소년이라는 청중이 매우 특별하기 때문에, 학생들의 필요에 맞는 설교 양념도 준비해야 한다. 단언컨대 이 과정은 하루 만에 끝날 수 없다. 금요일에 학교 수업이 끝난 뒤부터 설교를 준비한다면, 제대로 된 설교 준비는 불가능하다고 본다.

장년 설교뿐 아니라 청소년 설교 준비에도 많은 시간과 에너지가 소모된다. 그런데 간혹 사역자들 가운데, 청소년 설교를 가볍게 여기는 분이 있다. 청소년 대상 설교를 학생들에게 몇 가지 교훈만 주면 되는 정도로 생각하고 설교를 가볍게 준비한다. 성인용 설교집을 읽고 내용을 요약하고 거기에 살만 붙여서 하기도 한다. 심지어 유튜브에 올라와 있는 설교를 도용하는 분도 있다.

좋은 설교는 준비하는 시간과 노력에 비례할 수밖에 없음을 꼭 알아야 한다. 청소년을 대상으로 하는 설교를 준비하려면, 우선 말씀 묵상과 연구부터 해야 한다. 장년 대상 설교를 준비하는 수준의 준비가 필요하다. 이후에 설교 내용을 청소년 상황에 맞춤형으로 변형해야 한다. 그러기에 장년 설교를 준비할 때보다 훨씬 어려운 준비 과정을 거쳐야 한다. 이 과정을 겪지 않고 청소년 설교를 준비하면 실패할 수밖에 없다.

5. 청소년들의 필요를 파악하고 있는가?

간혹 설교자가 학생들이 설교에 집중하지 않는다고 설교 시간에 소리를 지르거나 혼을 내는 경우가 있다. 학생들이 설교 시간에 집중하지 않는 이유를 전혀 파악하지 못한 채 말이다. 학생들의 필요를 파악하지 못하면, 학생들에게 들리지 않는 설교가 될 확률이 매우 높다. 자신과 상관없는 이야기를 하는데, 학생들이 들을 리 만무하다. 청소년들은 자신들이 듣는 말씀에 공감하길 원하고 있다. 실제로 청소년들이 꼽은 최고의 설교 1위가 '공감이 되는 내용의 설교(30%)'였다.[7]

청소년 설교자는 2천 년 전에 기록된 성경과 오늘의 청소년 사이에 다리를 놓는 작업을 하고 있다는 사실을 기억해야 한다.[8] 오늘날 청소년들의 상태와 필요를 파악하지 못하면 그 설교는 '꽝' 설교라고 할 수 있다.

설교에 있어서 청중의 필요를 파악하는 것의 중요성은 아무리 설명해도 지나치지 않다. 릭 욘트(Rick Yount) 교수는 교회에서 제자훈련이나 설교를 할 때 가장 중요한 두 축이 있는데, 한 축은 하나님의 말씀이고 다른 한 축은 청중의 필요라고 했다.

예수님의 사역을 보면, 예수님은 늘 사람들의 필요에 민감하셨다. 외로웠던 삭개오를 찾아가셔서 함께 식사하셨고, 야이로의 딸의 죽음을 슬퍼하며 고쳐 주셨고, 예수님과 깊은 대화를 나누기 원했던 니고데모에게는 매우 철학적으로 접근하셨다. 예수님의 사역은 사람들의 필요에 민감하게 반응하고, 그 필요를 채워 주는 사역이었다.[9]

혹시, 설교를 열심히 준비하는데도 학생들이 집중하지 않고 관심을 가져 주지 않아서 어려움을 겪고 있는가? 그렇다면, 학생들의 필요에 얼마나 민감하게 반응하며 준비했는지 점검해 봐야 한다. 학생들의 필요를 채워 주지 못할 때, 매우 지루한 설교가 될 확률이 높다.

6. 청소년 설교의 롤 모델이 있는가?

처음부터 청소년 설교를 잘하는 경우는 매우 드물다. 그 이유는 대상이 청소년이라서 그렇다. 청중이 청소년이라서 어려운 것이다. 청소년들에게 수업을 잘하기도 어렵고, 강의나 강연을 하기도 어렵고, 청소년들과 커뮤니케이션하기가 무조건 어렵다고 봐야 한다.

당신이 그토록 힘들어하는 청소년 청중을 들었다 놨다 하는 설교자들도 엄청난 시행착오를 겪었다. 하루아침에 청소년 설교자가 만들어지지 않기 때문에 이 분야 전문가의 모습을 답습하는 것이 필요하다. 실은 청소년 설교를 잘하는 가장 쉬운 방법이 탁월한 청소년 설교를 자주 보고 듣는 것이다.

필자도 미션 스쿨에 대부분이 비신자인 학생들을 대상으로 설교하러 갈 때는 단두대에 가는 느낌이었다. 외부 청소년 집회 도중 학생들이 설교에 너무 집중하지 않아서, 그다음 날 설교를 포기하고 싶었던 적도 있다. 그런데 벽과 같은 청소년 청중과 수년간 씨름하다 보니 노하우가 생겼다. 그들을 집중시키는 방법, 설득하는 방법, 밀고 당기는 방법까지, 실패의 경험 속에서 노하우가 만들어졌다.

이제 청소년 사역을 시작한 지 얼마 되지 않았는데, 자기의 능력을 너무나 과신하는 사역자들이 있다. 자신이 능력의 종이기 때문에 청소년들이 무조건 잘 들으리라 생각한다. 이것은 착각일 확률이 높고, 엄청난 오산이고, 나아가서 교만일 수 있다.

지금까지 살면서 유명 청소년 설교자의 설교를 한 번도 들어 본 적이 없다면, 당신은 청소년 설교자로서 이미 실패했을 확률이 높다. 청소년 설교의 롤 모델을 찾아보고 지금부터 그의 설교를 듣는다면, 당신의 설교 실패 횟수는 현저하게 줄어들 것이다.

Change 2.

청소년 청중을 제대로 이해하라!

청소년 설교의 원리는 단순하다. 청중을 알면 청소년들의 마음을 파고들 수 있다.[10] 문제는 같은 청소년인데도 매우 다양한 청중이 존재한다는 것이다. 쉽게 말하면, 청소년들 안에 좋은 청중도 있고 나쁜 청중도 있다.

10년 전 즈음 모 대형교회에서 중등부 수련회 강사로 섬긴 적이 있다. 다시는 그 교회에 가기가 싫을 만큼 힘든 청중을 만났었다. 설교를 듣는 중학생 중에 100명 정도가 돌아다니고 있었다. 그냥 고개를 숙이고 있거나 잤다면 오히려 괜찮았을 것이다. 설교하는데 아이들이 수시로 화장실에 가고, 물을 마시러 들락날락했다. 내가 만난 청중 중에 최악의 청중이었다.

반대의 경우도 있다. 10년 전 즈음 강원도 원주에 설교하러 갈 일정이 있었는데 갑자기 심한 몸살감기가 찾아왔다. 하지만 청중과의 약속을 어길 수 없어 3시간을 운전해서 간신히 설교 장소에 도착했다. 그런데 도저히 일어서서 설교할 수가 없어서 양해를 구하고 앉아서 설교했다. 아마도 내 생애에 처음 겪는 일이었던 것 같다.

그런데, 그날 너무나 좋은 청중을 만나서 무려 3시간 동안 설교를 하고 왔다. 내가 만난 청중 중에 최고의 청중이었다. 이 일을 통해서 느낀 것은 '설교는 청중이 좌우하는구나'였다. 때로는 동일한 메시지가 청중에 따라서 완전히 다른 메시지가 되곤 한다.

사역자들이 새로운 사역지에 부임해서 청중의 상태와 수준을 파악하는 것은 절대적으로 중요하다. 청소년들은 다 같지 않다. 지역마다, 교회마다 수준이 천차만별이다. 청소년 사역자가 청중을 정확히 이해해야 제대로 된 설교가 가능하다는 말이다. 그런데 간혹, 청중에 대한 아무런 분석 없이 설교하는 경우를 본다. 그리고 설교 준비를 하면서 청중의 중요성을 간과하는 모습도 본다. 지루한 설교를 했던 것으로 알려진 마틴 로이드존스 목사도 청중에게 깊은 인상을 남기는 설교를 하라고 했다.[11]

아리스토텔레스의 대표적인 저서 『수사학에 관하여』를 보면, 다양한 청중이 분석되어 있다. 특별히 그 안에는 청중으로서의 청소년을 분석한 내용도 있다. 아리스토텔레스가 발견한 청소년들의 특징 첫 번째는 충동적이고 빠르게 변한다는 것이다. 두 번째는 청소년들이 웃음과 위트를 좋아한다는 것이다. 세 번째는 청소년들은 욕구에 대한 탐욕이 강하다는 것이다. 네 번째로 청소년들은 순하다고 밝혔고, 다섯 번째로 청소년들은 미래를 향한 희망과 동경, 즉 비전이 있다고 밝혔다.[12]

이 책은 무려 2천여 년 전에 쓰였는데, 그 당시에 청소년들을 이렇게 분석했다는 것은 매우 놀라운 일이다. 과거나 지금이나 청소년들은 그들만의 독특한 특징이 있다. 어떤 때는 성인이 다 된 것 같고, 어떤 때는 행동이 어린아이 같다. 감정의 2층 집에 살면서, 1층 어린이가 사는 집과 2층 어른이 사는 집을 수시로 왔다 갔다 하고 있다.[13]

청소년 설교를 잘하려면 청소년이라는 청중을 제대로 이해해야 한다. 그리고 청소년 청중 이해를 위해서 다음의 내용을 반드시 알아야 한다.

1. 청소년 이해의 실패는 청소년 설교의 실패다

1년 이상 미션 스쿨에서 중학생들에게 설교한 적이 있다. 그때, 금요일 채플 시간이 다가오는 그 부담감은 말로 표현할 수 없었다. 아이들의 90% 이상이 비신자였고, 그 아이들은 설교를 들을 생각이 없었다. 그래서 나는 매주 그 아이들과 설교 전쟁을 치러야만 했다.

하루는 옆 미션 스쿨에 다니는 우리 교회 고등학생들과 대화를 나눈 적이 있다. 이 친구들은 나에게 "목사님, 우리 교목이 설교하면 우리 학교 애들은 거의 다 자요. 그 학교 중학생들은 안 자요?"라고 물었다. 생각해 보니까 우리 아이들은 자지는 않았다. 떠들어서 그렇지. 그래서 깨어 있다는 사실에 큰 소망을 두었다. 그리고 1년 동안 그 아이들에게 설교하면서 아이들을 점점 이해하게 되었다.

설교하기 전에 미리 강당에 와서 아이들과 대화도 나눴다. "너희들 설교 시간에 뭐가 힘드니?", "목사님이 어떻게 해 주면 좋겠니?" 만나는 아이마다 계속 물었다. 그렇게 1년 동안 설교하면서 청소년들을 대상으로 하는 설교가 참 많이 늘었다고 생각한다.

미션 스쿨의 모든 교목이 그렇지 않겠지만, 청중에 대한 분석이나 연구 없이 그냥 설교하는 분도 있다. 그러면, 아이들은 그 시간을 가장 의미 없는 시간으로 여기고 자거나, 딴짓하거나, 심지어 타 과목의 문제집을 풀기도 한다.

그뿐만이 아니다. 교회 청소년 사역자들 역시 지금 세대의 중학생과 고등학생에 대해 아무런 조사와 분석도 하지 않고, 준비 없이 그냥 설교하는 경우가 있다. 이런 설교는 실패할 확률이 99%라고 생각한다. 미국에서 선교학 수업을 들을 때, 교수님이 이런 말씀을 하셨다.

"여러분은 졸업하고 선교지로 떠날 것입니다. 그리고 선교지에 가면 그곳에서 당신의 학력 수준은 매우 높은 편에 속할 것입니다. 여러분은 최소 석사 학위 이상입니다. 하지만 선교지에는 글을 읽지 못하는 사람이 있을 수도 있습니다. 당신의 지식수준과 선교지 원주민들 지식수준의 괴리감은 무척 클 것입니다. 그 차이를 줄이지 못한다면, 당신이 아무리 좋은 설교를 하더라도 그들은 듣지 못할 것입니다."

사역자에게 가장 중요한 것은 양들을 잘 먹이는 일이다. 요한복음 21장 15절에서 예수님은 베드로에게 "내 양을 먹이라"고 말씀하셨다. 우리에게 설교에 대한 책임을 주셨다. 그런데 우리가 이 양들을 먹이는 데 실패한다면, 주님이 주신 사명을 실패하게 되는 것이다.

양들을 잘 먹이기 위해서, 양들의 수준과 상태를 파악하는 것은 매우 중요하다. 유명한 설교자 스펄전 목사님은 젊은 청중에게 말씀을 먹일 때, 청중에게 맞는 매너와 방법을 사용하라고 했다.[14] 목자가 양들에게 풀을 주는데 목자의 높이에 맞춰서 주면, 양들은 먹을 수 없다. 양이 먹을 수 있는 높이에 맞춰 풀을 줘야 먹을 수 있다.

청소년 설교자가 청소년의 눈높이가 아닌 사역자 눈높이에 맞춰서 설교하는 경우를 종종 본다. 이 정도 수준이면 청중이 이해할 수 있다고 생각하는데 도무지 양들이 먹을 수 없는 수준의 설교를 한다. 자신이 매주 먹을 것을 주어도, 양들은 도저히 먹을 수 없는 상황이라는 점을 반드시 알아야 한다. 청중의 모습과 상태를 정확히 파악하지 못하면 그 설교는 실패할 확률이 매우 높다.

2. 청소년 내면의 그림자까지 이해하라

청소년이란 청중을 이해하기가 쉽지 않을 수 있다. 청소년은 보이지 않는 모습이 보이는 모습보다 훨씬 많기 때문이다.

무슨 말이냐면, 청소년들의 겉모습만 봐서는 그들을 이해하기 어렵다는 뜻이다. 중학생 교복을 입었다고 다 같은 중학생이 아니며, 고등학생 교복을 입었다고 다 같은 고등학생이 아니다. 청소년들의 내면을 읽어 낼 줄 알아야 청소년 청중을 이해한다고 할 수 있다. 교회에서는 웃고 있지만, 가정에서는 어려운 일을 겪고 있는 청소년이 있을 수 있다.

청소년 심방이 중요한 이유는 학생을 직접 만나지 않으면 그 학생에 대해 알 수가 없기 때문이다. 그 학생을 모르는 상태에서 던지는 메시지는 뜬구름 잡는 설교가 될 확률이 높다.

시간이 걸리더라도 청소년들의 각 가정을 잘 살펴야 한다. 청소년의 비행과 같은 문제가 대부분 가정에서 시작되기 때문이다. '학생이 어떤 가정환경에서 자라고 있는가?', '부모는 어떻게 신앙생활을 하고 있는가?', '부모의 부부 관계는 원만한가?', '그 가정이 경제적이나 다른 이유로 어렵지 않은가?', '식구 중에 아픈 사람은 없는가?' 이런 부분을 알아야 제대로 된 설교가 가능하다.

또한 청소년들의 학교생활도 파악해 내야 한다. 학교 심방 및 학원 심방이 청소년 사역의 필수 요소다. 사역자가 보이지 않는 청소년 청중의 가정과 학교생활까지 알고 있어야 청소년 청중을 이해하고 있다고 말할 수 있다.

'우리 교회 학생들이 많이 다니는 학교는 어디인가?', '학생들이 다니는 학교의 분포도는 어떠한가?', '학생들이 다니는 학교의 분위기는 어떠한가?', '학생들의 학교 만족도 및 학업 성적은 대략 어느 정도인가?', '이성 교제를 하는 학생은 누구인가?', '학생들의 관계는 어떠한가?' 대략 이 정도는 한눈에 파악하고 있어야 한다.

한번은 처음 우리 교회에 등록한 남매가 있었다. 남매는 청소년부 예배실에 들어서는 그 순간 매우 놀랐으며, 바로 이 교회에 등록해야겠다고 마음먹었다고 한다. 학생들이 다니는 학교를 위해 기도하려는 목적으로 학교 이름들이 적힌 대형 현수막을 걸어두었는데, 그곳에 함께 적힌 '홈스쿨'을 발견했기 때문이었다.

'홈스쿨'을 한다고 말하면 보통 이해를 못 하기도 하고 학교로 인정하지 않는 분위기인데, 자신들의 '홈스쿨'을 인정받은 것 같아 기뻤다고 한다. 그날, 남매가 들은 설교는 어땠을까? 자신들 평생 최고의 설교였다고 한다. 설교 내용 자체가 좋아서라기보다 자기들을 이해해 주는 교회가 있다는 사실에 마음의 문을 크게 연 것이다.

3. 반드시 알아야 할 설교 대상으로서의 청소년[15]

장년보다 집중 시간이 짧다

간혹, '능력의 종'들은 설교를 무제한으로 한다. 성령의 능력을 받으면 시간 따위는 중요하지 않다고 생각한다. 그러나 이런 생각은 착각이나 망상일 수 있다. 우리는 청소년들의 발달적 특징을 이해하면서 설교해야 한다.

과거에 비교해서 설교 시간이 많이 짧아진 듯하다. 미국 라이프웨이의 톰 레이너 박사에 의하면, 미국 목회자들의 41%가 주일 설교를

20-30분 사이로 한다고 한다. 30분이 넘어가면 주의 집중이 많이 떨어진다고 보고 있다.[16]

그렇다면 청소년들에게 어느 정도 길이로 설교하는 것이 적합할까? 2022년 2월 청소년 사역자 122명을 대상으로 설문 조사를 했는데 50.9%가 '20-30분 설교한다'고 응답했고, 32.1%가 '10-20분 설교한다'고 응답했다. 이 응답을 보면, 미국에서 조사한 성인 설교 시간 길이와 우리나라 청소년 설교 길이에 큰 차이가 없다.

청소년부 설교 길이는 어느 정도입니까? – 청소년 사역자 대상 설문 결과[17]

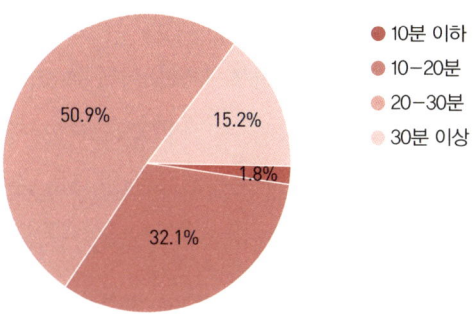

그렇다면 청소년들을 대상으로 하는 설교 시간은 어느 정도가 적당할까? 청소년 209명을 대상으로 설문 조사한 결과를 보면 33.8%가 26-30분, 27.1%가 21-25분이라고 답했으며, 전체 평균으로 22분이 나왔다.

청소년부 설교 길이는 어느 정도가 적당하다고 생각합니까?
– 청소년 대상 설문 결과[18]

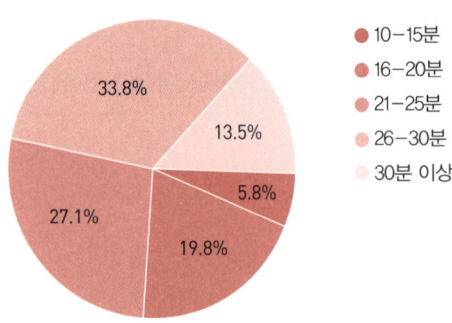

'교육을바꾸는사람들' 이찬승 대표에 의하면, 지금 세대의 학생들은 과거 세대보다 강의에 집중할 수 있는 시간이 매우 짧다고 한다. 그 이유는 어렸을 때부터 디지털 환경에 적응해서 한 가지 주제에 오랫동안 집중하기 어려운 뇌를 가지고 있기 때문이다.

많은 연구에 의하면 학생들의 주의 지속 시간은 나이×1분 정도라고 한다. 집중력이 15살이면 15분이고, 18살이면 18분이라는 뜻이다. 강의 시작 후 10분이 지나면 학생들의 집중력이 떨어진다는 말이다. 수업 후 10-20분이 지나면 뇌 시냅스(synapses)에 정보를 전달하는데 필요한 신경전달물질이 고갈되면서 학생들이 집중하지 못하고 산만해진다고 한다. 그리고 이런 이유로 유튜브 강의의 평균 길이가 15-20분, TED의 강연 길이가 18분이라는 것이다. 그래야 학생들의 집중력을 최대화할 수 있기 때문이다.[19]

핵심은 청소년들이 어른들보다 집중력이 약해서 설교 길이가 짧아야 한다는 것이다. 특히 디지털 네이티브로 태어난 청소년들은 뇌 자체가 오랜 시간 설교에 집중하기 힘들다. 청소년 설교는 짧은 시간에 집중력 있게 진행해야 한다.

장년과 배우는 방식이 다르다

세대마다 배우는 방식이 다르다. 지금 60대 이상의 베이비붐 세대는 강의 듣는 것에 매우 익숙한 세대다. 긴 강의를 제법 잘 들을 수 있고, 파워포인트와 그룹을 이루어 하는 토의도 잘 따라온다.

40-50대인 X세대는 아날로그와 디지털이 결합 된 세대다. 일반 강의도 잘 듣고 동시에 인터넷 강의도 잘 들을 수 있다. 30대 이하 MZ세대는 디지털 네이티브 세대다. 인터넷에서 자료 찾기가 익숙하고, 인터넷 강의를 듣기에 최적화되어있다. 그러나 긴 강의를 듣는 데는 익숙하지 않다.[20]

설교자는 자신이 어렸을 때 배웠던 방식에 익숙할 것이다. 만약 설교자가 60대라면 60년 인생의 경험을 살려서 청중을 고려하며 설교할 확률이 높고, 설교자가 30대라면 역시 자신이 배웠던 방식을 활용하여 설교할 확률이 높다.

그렇다면, 지금 10대들은 어떤 방식의 설교를 선호할까? '디지털 네이티브'라고 불리는 요즘 청소년들은 다음과 같은 특징이 있다.[21]

첫째, 획일적으로 배우는 것보다 직관적으로 배우길 원한다. 교과서적인 수업보다 자기 주도적인 수업을 더 선호한다.

둘째, 수동적이지 않고 교육에 적극적으로 참여하길 선호한다.
셋째, 한꺼번에 여러 가지 일을 신속하게 처리할 수 있도록 뇌가 발달해 있다.
넷째, 권위적인 방식의 교육을 거부한다.

이렇게 청소년들은 배우는 방식에서 기성세대와 큰 차이를 보인다. 그러나 청소년들을 제대로 이해하지 못하고 설교하면, 메시지를 제대로 전달하기 힘들 수 있다. 따라서 사역자들은 내가 교육받아 온 방식이 아닌 청소년들이 교육받기 원하는 방식을 이해해야 한다. 일방적으로 선포되는 획일화된 방식의 설교보다 다양하게 접근하는 설교 방식이 필요할 것이다.

필자는 비주얼과 사운드에 강한 청소년들에게 특화된 설교를 하려고 애를 많이 썼다. 필요하면 설교 시간에 짧은 영상도 사용했다. 또한 그냥 수동적으로 듣기보다 직접 참여하길 원하는 세대적 특징을 이해해서 설교 서두에 학생들을 많이 참여시켰다. 이렇게 했을 때, 청소년들의 흥미를 유발하는 데 큰 도움이 되었고 수동적 교육이 아닌 적극적 교육이 되어서 긍정의 요소가 많았다.

만약 설교자가 학생들이 주의산만하고 떠든다고 설교자의 권위를 앞세워서 학생들을 혼낸다면, 청소년들에게 설교하기가 더욱더 힘들어질 것이다. 설교자의 권위는 학생들이 좋아하는 설교를 할 때 비로소 만들어진다.

에너지 넘치는 설교를 선호한다

청소년기는 인간 발달 단계에서 가장 에너지 넘치는 시기다. 게임을 하면서, 놀면서, 밤을 새우기가 별일도 아니다. 이렇게 에너지 넘치는 청소년들에게 설교할 때, 효과적인 전달 방법은 에너지 넘치게 설교하는 것이다.

청소년 설교자에게 에너지나 열정이 보이지 않으면 학생들은 쉽게 지루함을 느낀다. 청소년이 좋아하는 드라마와 영화를 보면 전개가 상당히 빠르다. 청소년은 빠른 템포의 설교를 좋아한다. 만약 설교자가 너무 차분한 톤으로 설교하거나, 느린 톤으로 설교한다면 청소년들은 집중하기 어려울 것이다.

또한 장년들에게 설교할 때보다 톤이 높고 다양해야 한다. 미국에서 설교학을 공부할 때, "목소리와 발성의 향상(Voice and Speech Improvement)" 수업을 들으며 목소리와 톤을 발전시키는 연습을 했다. 설교를 계속 한 톤으로 진행한다면, 청소년들의 마음을 사로잡기가 쉽지 않을 것이다. '설교의 황태자'로 불리는 스펄전 목사도 설교자들에게 음색과 톤의 연습을 자주 하라고 했을 정도다.[22]

활동적인 청소년을 대상으로 설교할 때는 한자리에서 설교하기보다 움직이면서 하는 편이 좋다. 청소년들은 쉽게 주의가 산만해지고 집중이 흐트러지기 때문에 설교자가 움직이는 것이 좋다. 또한, 다양한 액션과 제스처를 사용하는 것이 효과적이다.

필자는 이를 위해서 청소년들에게 설교할 때, 무선 헤드셋 마이크를 착용하고 두 손은 자유롭게 설교했다. 그러면 설교하면서 다양한 시도를 할 수 있다. 설교 도입에 치킨을 먹어 보았고, 드론도 날려 보았다. 물론 이런 도입은 모두 설교 내용과 연결되고, 설교 전체에 지장을 주지 않는 범위 내에서 했다. 설교자가 양손을 이용해서 역동적인 무엇인가를 할 때, 학생들의 집중력은 올라간다. 청소년들은 열정적이고 역동적인 설교자를 좋아한다.

재미있는 설교를 좋아한다

청소년은 웃음과 재미를 좋아한다는 특징이 있다. 탁월한 청소년 설교자들을 보라. 설교 시작하자마자 청소년들이 빵 터진다. 웃음으로 말이다. 설교 중에 청소년들이 웃었다면 성공적인 설교일 확률이 높다. 청소년들의 눈높이에 맞춰서 설교했다고 볼 수 있다.

설교할 때 유머가 얼마나 중요한지는 설교학자 대부분이 주장하는 바이다. 미국의 10대 설교자 중 한 명인 해돈 로빈슨이 '청중이 바라는 설교'를 조사했는데, 그중 세 번째가 웃음이었다. 청중이 설교를 들으면서 웃길 원한다는 말이다.

미국 남침례교단의 설교학 거장인 제리 바인스는 정기적으로 사람들이 재밌어하는 잡지와 드라마를 보면서, 웃음 코드를 점검했다고 한다.[23] 이는 청중을 이해하는 좋은 방법 중 하나이며, 청중과 소통하는 설교자의 모습이다. 이번 온라인 설문 조사에서도 청소년들이 좋아하는 설교 2위가 '재미있는 설교'였다.[24]

필자는 청소년 설교를 극대화할 양념을 준비하기 위해서 많은 노력을 했었다. 아이들이 좋아하는 드라마와 영화를 찾아서 보는 등 그들의 문화로 들어가려는 노력을 많이 했다. 또한 인터넷에 돌아다니는 재미있는 영상을 찾아보고 필요하면 설교에 활용하기도 했다. 그래도 안 되면, 새벽에 기도하면서 청소년 설교에 필요한 좋은 양념을 달라고 간절히 기도했다. 이 기도 제목으로 자주 기도하는 편이었다.

OECD 국가에서 행복 지수 꼴찌가 대한민국 청소년들이다. 늦은 시간까지 학원에 다니면서 늘 피곤해 있다. 늘 피곤한 몸을 이끌고 지친 상태로 교회로 오는 웃음기 없는 청소년들에게 설교 시간에 웃음을 줄 수 있다면, 그것이야말로 최고의 청소년 설교라고 생각한다. 청소년들이 설교 시간에 웃고 있는 모습이 말씀을 받는 모습이 아닐까.

이야기를 좋아한다

청소년기 특징 중 하나는 추상적 사고의 발달이다. 따라서 청소년들의 추상적 사고가 발달할 수 있도록 추상적 개념을 구체적으로 설명해 주는 것이 중요하다.

설교 시간에 사용되는 기독교의 중요 주제 중 추상 명사가 꽤 많다. 예를 들면, 은혜, 사랑, 소망, 믿음, 역사, 권능, 위로 모두 추상 명사다. 추상 명사를 그냥 이론과 개념을 통해서 전달하기보다 구체적인 예화를 통해서 들려주는 것이 이해를 돕는 데 효과적이다. 특히 설교자가 겪은 삶의 스토리를 활용해서 설명해 주면 쉽게 개념을 이해할 수 있게 된다.

청소년들은 이야기에 쉽게 빨려 들어간다. 그리고 그 이야기를 통해서 자신의 기쁨과 슬픔을 나누고 이해하고 공감한다.[25] 설교자가 예화를 사용할 때 주의해야 할 점은 너무 이상적인 내용의 이야기를 선호해서는 안 된다는 것이다. 옆집 전교 1등이 명문대 간 이야기보다 실패의 스토리가 훨씬 잘 통한다. 그 이유는 청소년들 주위에서 성공보다 실패가 더 자주 일어나는 일이기 때문이다. 그리고 감히 누군가에게 오픈하지 못했던 실패의 감정을 설교 시간에 듣게 되면, 엄청난 위로와 치유가 된다.

이야기를 좋아하는 청소년들에게 이야기 방식의 설교를 준비하는 것도 효과적인 방법일 것이다. 이야기식 설교는 설교에 대한 지루함을 없애 주고, 설교를 들을 때 갖게 되는 부담감을 확 줄여 주는 효과가 있다.

많은 설교자가 사용하는 주제식 설교 방식은 잘못하면 뻔한 내용의 설교가 될 수 있다. 청소년들이 드라마와 웹툰을 좋아하는 이유는 매회 어떻게 전개될지 모르는 스토리 라인과 생각하지 못한 반전이 있기 때문이다. 설교도 마찬가지다. 뻔히 예측할 수 있는 결론이 아니라 아무도 예상하지 못한 흥미진진한 귀납법적 방식으로 전개된다면, 훨씬 효과적인 설교가 될 것이다.

음악을 좋아한다

청소년들의 삶에서 음악을 분리할 수 없다. 실제로 최근 청소년들의 하루 미디어 사용 시간이 평균 7-8시간가량 되는데, 음악에 보내는 시간이 매일 2시간 가까이 된다는 통계가 있다.[26] 실제로 청소년들이 가는 곳 어디에나 음악이 있다. 매 순간 손에 쥐고 있는 스마트폰 안에 음악이 있고, 차에서도 음악이 나오며, TV에서도 쉽게 음악을 접할 수 있다. 심지어 교회에서 예배를 드릴 때도 음악이 매우 중요한 비중을 차지한다.

청소년 설교자는 청소년 예배와 설교에 있어서 음악을 매우 비중 있게 여겨야 한다. 설교만큼이나 찬양을 중요하게 여겨야 한다. 예배 때 부르는 찬양은 설교에 직접적인 영향을 주기 때문이다. 유명한 복음 전도자 무디의 말씀 집회에는 1,200곡을 작곡한 생키가 함께했는데, 무디의 설교와 생키의 찬양 조합은 복음 전파에 화룡점정을 이뤘다.

설교 시간에 음악을 적절히 사용하면 더욱 효과적인 설교를 할 수 있다. 눈에 보이는 파워포인트를 활용하거나 영상을 보여 주는 것이 아니라, 아무것도 없이 그냥 음악 자체만으로도 상당히 큰 설교의 양념 효과를 발휘할 수 있다.

예를 들면, '풍랑을 만난 요나'의 장면에서 풍랑과 파도 소리만 틀어 줘도 청소년들은 훨씬 더 설교에 집중할 수 있다. 예수님이 십자가에 못 박히시는 장면에서 '천둥소리' 효과음만 추가해도 훨씬 생동감 있는 설교가 된다. 또한 설교를 마무리하는 시점에서 기도로 나아갈 때, 적절한 반주나 배경 음악이 강력한 임팩트를 줄 수 있다.

소통하는 설교를 좋아한다

지금 청소년들을 보통 Z세대라고 한다.[27] Z세대의 특징 중 하나가 쌍방향 소통을 매우 중요하게 여긴다는 점이다. 일방적으로 누구의 지시와 명령을 따르기보다 동등한 입장에서 소통하길 원한다. 그래서

SNS 활용이 매우 높고, 수평적인 소통을 즐긴다.28) 이런 청소년들의 특징을 지금 설교에 반영해야 한다.

설교자 혼자서 떠드는 일방적인 설교보다 청소년들과 함께 호흡할 수 있는 설교가 훨씬 효과적일 수 있다. 나는 청소년들에게 설교할 때, 학생들과 소통하기 위해서, 설교에 종종 학생들을 참여시켰다. 특히 설교 도입에 참여시켜서 주위를 환기했는데 학생들의 집중력을 높이는 데 효과가 참 좋았다.

한번은 '선택'이라는 주제로 설교할 때, 우리 교회에 출석하는 야구부 학생들을 앞으로 인도해서 가상 프로야구 신인 드래프트를 실시한 적이 있었다. 야구부 학생들은 교회에서 존재감이 거의 없었는데 그날 설교 참여로 확실히 존재감이 생겼다. 심지어 그날 야구부 학생들의 불신 부모까지 교회에 와서 청소년부 예배를 드릴 정도로 반응이 좋았다.

한번은 엘리사 선지자가 선지생도들에게 국을 끓여 주는 내용을 설교할 때, 학생들의 참여를 유도하고 집중력을 높이기 위해서 현장에서 라면을 끓인 적도 있었다. 학생들이 엄청난 반응을 보였던 기억이 난다.

어떤 사역자는 '설교 시간에 지금 뭐 하는 짓이냐'고 반문할지 모른다. 하지만 청소년 청중은 소통하며 설교에 참여하길 원하고 있다는 사실을 기억하라. 이런 발달적 특징이 있는 청소년들에게 '너희는 자리에서 꼼짝하지 말고, 무조건 내가 선포하는 메시지를 들어라'며 접근하는 것이 오히려 문제라고 본다. 얼마나 많은 대한민국 청소년들이 주일 설교 시간에 설교에 전혀 관심을 두지 않고, 멍하게 있거나 고개를 푹 숙이고 있는가? 설교자와 소통이 안 되고 있다는 뜻이다.

새로운 것을 좋아한다

청소년 설교의 어려운 점 중 하나는 학생들이 너무 쉽게 지루함을 느낀다는 것이다. 온라인 설문 조사에서도 학생들이 느끼는 사역자 설교의 가장 큰 문제점 1위가 '지루한 설교'였다.[29] 아무리 설교를 잘하는 설교자도 계속 비슷한 패턴으로 설교하면, 학생들은 금방 따분함을 느낄 것이다. 따라서 청소년들에게 전달될 메시지는 늘 새로워야 한다. 진리 자체가 새로워야 한다는 말이 아니라, 전달 방법이 새로워야 한다는 말이다.

이 부분을 청소년들이 매일 먹는 쌀로 비유해 볼 수 있다. 청소년들은 매일 쌀을 먹어야 한다. 그런데 쌀밥으로만 먹기를 원치 않는다. 오늘은 밥으로 줬으면 내일은 국수로, 다음 날은 빵으로, 그다음 날은 파스타로 줘야 한다. 그렇지 않으면 청소년들은 도무지 쌀을 먹지 않으려고 할 것이다.

이찬수 목사님이 사랑의 교회에서 청소년 사역을 할 때, 학생들이 너무나 뻔한 예배 순서에 수동적으로 반응하고 힘없이 있어서 신선한 변화를 주었다고 들었다. 어떤 날은 주기도문으로 예배를 시작하고, 어떤 날은 사도신경으로 예배를 끝냈다고 한다. 그러면 아이들이 처음에는 충격을 받는데, 나중에는 없었던 반응을 보이게 되더라는 것이다.

청소년들은 새로운 것에 반응한다. 하지만 새로운 것이 계속 반복된다면, 반응은 사라져 갈 것이다. 설교 시간에 아무리 재미있는 '짤'을 사용해도 반복적으로 같은 것을 사용하면 재미가 없다. 그래서 PPT나 영상을 너무 많이 집중적으로 사용하지 않도록 주의해야 한다. 패턴이 같아지면 지루해지기에 십상이다.

과거 청소년들에게 설교할 때, 목요일 이후가 되면 학생들에게 말씀을 신선하게 전달할 수 있도록 아이디어를 달라고 하나님께 자주, 간절히 기도했었다. 그때마다 기도의 응답을 통해서 생각지도 않은 아이디어를 받았다. 그리고 그 설교 시간은 모두 큰 은혜와 역사가 넘쳤었다.

청소년들이 관심 있어 하는 이벤트를 설교에 잘 활용하면 효과를 크게 얻을 수 있다. 발렌타인데이 즈음에 했었던 유독 기억에 남는 설교가 있다. 미리 정해진 설교 본문이 고린도후서 3장 5절이었고, 설교 제목은 '그리스도의 편지'였다. 설교하기 2주 전에 학생들에게 이렇게 공지했다. "발렌타인데이 때 꼭 초콜릿을 받아야 할 친구가 있다면, 포스트잇에 간단히 사연을 적어서 출입구 게시판에 붙여 주세요." 그리고 당첨이 되면 그 학생에게는 인생 최고의 초콜릿을 선물로 주겠다고 말했다.

발렌타인데이 시즌이라서 많은 학생이 응모를 했다. 그리고 당첨 결과를 발표하는 날, 학생들이 적어 낸 사연 중 재미있는 사연 몇 개를 읽으며 설교를 시작했다. 그리고 학생들이 궁금해하는 인생 최고의 초콜릿을 받게 될 학생을 발표했다. 그 초콜릿은 최근에 부친상을 당해서 마음이 아주 힘든 학생이 받았다. 친한 교회 친구들이 이 친구가 힘들어하는 것을 알고 마음을 위로하는 편지를 적어 냈고, 그 사연이 당첨된 것이다.

이날 설교의 본문 내용, '그리스도의 편지'와 딱 맞게 연결되었다. 학생들이 공감해 주어서 좋았고, 많은 학생이 참여하여서 더욱더 좋았다. 또한, 이 이벤트를 통해서 힘들어하는 학생에게 위로가 되어서 좋았던 기억이 있다.

이렇게 설교 시간에 새로운 것을 많이 시도해 보면 좋다. 모든 방법이 성공하지는 않는다. 그래도 학생들이 훨씬 더 말씀에 집중하게 된다. 그리고 말씀을 들은 학생들은 영적으로 더욱더 생동력을 갖게 될 것이다. 학생들이 말씀에 더 집중할 수 있다면, 반드시 여러 방법을 시도해야 한다고 생각한다.

4. 청소년을 알기 위해서 설교자가 해야 할 일

청소년들을 만나라

청소년 사역을 할 때, 나는 매일 학생들의 학교에 가서 학생들을 만났다. 매일 학생들을 만나면, 학생들을 누구보다 잘 알게 된다. 그 학교의 '인싸(insider)'가 누구인지도 알게 되고, '아싸(outsider)'가 누구인지도 알게 된다. 학생들이 어떤 교사를 좋아하는지, 교사의 별명은 무엇인지, 급식 상태가 어떠한지, 학생들의 불만이 무엇인지까지도 다 알 수 있다.

학생들을 만나지 않으면 학생들의 삶을 알 수 없다. 교회에서 목회자들에게 심방이 중요한 이유 중 하나가 심방을 하지 않으면 교인들의 삶을 알 수 없기 때문이다. 청소년들을 알아야지 그들에게 필요한 메시지를 줄 수 있다. 그들을 만나지 않으면, 설교는 허공을 맴돌 확률이 매우 높다. 설교를 통해서 학생들의 삶을 터치하는 것도 거의 불가능하다.

청소년 부모를 만나라

청소년만 만나서는 청소년을 100% 이해하기가 불가능하다. 그들의 부모를 만나야 정확히 이해할 수 있다. 나는 학생들이 사고를 치거나 문제를 일으켜 상담할 때, 반드시 부모 상담을 같이한다.

부모를 만나면, 그 학생의 새로운 모습을 알 수 있기 때문이다. 어찌 보면 훨씬 더 정확한 청소년 이해가 이루어진다. 청소년이 누구인지, 그들의 삶이 어떠한지 알기 위해서는 반드시 청소년의 부모를 만나야 한다.

청소년 문화를 직접 체험하라

청소년들을 이해하기 위해서는 청소년들의 문화를 알아야 한다. 현재 학생들의 트랜드가 무엇인지, 정확한 분석과 이해가 필요하다. 학생들이 좋아하는 게임이 무엇인지, 자주 보는 웹툰은 무엇인지, 어떤 음악을 듣는지, TV 프로그램과 유튜브 채널은 어떤 것을 좋아하는지 알 필요가 있다. 이런 문화를 이해하지 못하면 '꼰대 설교자'로 남을 확률이 높다.

때로는 젊은 사역자인데도 불구하고, 성과 속의 개념이 너무 이원적이어서 청소년 문화를 적대시하며 담을 쌓는 안타까운 경우도 본다. 만약에 청소년 문화를 이해하기 어렵다면 공부해야 한다. 아이들이 자주 보는 유튜브 채널을 구독하면서 일부러라도 봐야 한다. 청소년 사역자라면 청소년들이 하는 게임도 어느 정도 익힐 필요가 있다. 상대방의 삶을 이해하지 못하고 설교하면, 공감대가 전혀 형성되지 않기 때문이다. 청소년 설교를 위해서는 청소년 문화를 체험해야 한다.

청소년 발달 단계에 따른 강조점[30]을 알라

청소년기는 신체적, 정신적, 사회적, 영적으로 매우 빠르게 발달하는 시기다. 그리고 학년마다 다른 관심사를 가지고 있다. 학년마다 어떠한 주제에 민감하게 반응하는지를 안다면, 설교자에게 큰 도움이 될 것이다.

다음은 '설교자가 알아야 할 학년별 주요 특징'과 '청소년의 발달 단계를 고려한 학년별 집중 교육 주제'를 정리한 내용이다. 중1부터 고3까지 워낙 연령의 폭이 크기 때문에 학년별로 집중된 관심사를 파악해야 하며, 설교할 때 이 부분을 참고할 필요가 있다.

설교자가 알아야 할 학년별 주요 특징

중학교 1학년

추상적 사고를 많이 하기 어려운 시기이므로, 너무 진지한 설교는 학생들의 집중을 방해할 수 있다. 같은 설명이라도 최대한 재미있고 쉽게 접근해야 설교를 따라온다. 때로는 초등학생 수준에 맞추어 설교하는 것도 나쁘지 않다. 이 시기에 설교에 흥미를 잃으면 교회를 떠날 수 있으니, 중1 학생들이 설교에 흥미를 잃지 않도록 설교 양념을 잘 써야 한다.

중학교 2학년

중학교 2학년을 한마디로 표현하면 '중2병 세대'다. 질풍노도의 시기를 겪고 있는데 대부분 가정에서 부모와 큰 갈등을 겪는다. 이제까지 겪어 보지 못한 갈등을 겪고 있을 수도 있다. 그래서 설교자는 학생들의 마음을 잘 이해해 줘야 한다. 부모와 다르게, 따뜻하고 포용력이 있는 마인드를 유지하면 학생들이 설교를 잘 듣는다.

중학교 3학년

중3은 많은 성숙이 이루어진 시기다. 중등부 사역자라면, 중1·2와 중3의 확연한 차이를 느낄 것이다. 추상적인 사고를 많이 하는 시기이기 때문에 조금 수준을 올려서 진중한 삶의 이슈를 던져 주어도 좋다. 특히 고등학교 입시라는 학업 스트레스가 심하기 때문에 이 부분을 터치해 주어야 한다.

고등학교 1학년

청소년들이 가장 스트레스를 많이 받는 시기가 고1이다. 우선 중학교 때의 평등이 사라진다. 교복에 따라서 특목고 학생, 자사고 학생, 일반고 학생, 특성화고 학생 등으로 신분이 구분된다. 그리고 고1, 1학기는 학업 스트레스가 무척 심하다. 이제부터 성적이 대학 내신에 반영되기 때문이다. 설교자가 고1 초반기 학생들의 마음을 잘 헤아리면서 설교를 해야 고1들이 떠나지 않고 교회에 잘 정착할 수 있다.

고등학교 2학년

청소년기의 꽃이라고 할 수 있는 학년이다. 학생들이 많이 성숙했기 때문에, 조금 어려운 메시지도 충분히 받아들인다. 또한 사역자들과의 관계가 안정된 시기이기 때문에 설교하기가 편한 시기다. 이때 학생들의 관심 이슈를 잘 터치하면, 설교자로서의 성취감을 가장 크게 얻을 수 있다.

고등학교 3학년

고3은 보통, 입시로 인해서 힘들다고만 생각하는데 결코 그렇지 않다. 오히려 고3 때 학생들의 갈급함이 가장 크다. 입시라는 큰 산이 있어서 그럴 수도 있는데, 이 시기의 학생들이 영적으로 가장 많이 성장한다. 주일 설교가 고3 삶의 유일한 희망이자 에너지가 될 수 있다는 것을 알고, 강력한 메시지로 매주 터치해야 한다.

청소년의 발달 단계를 고려한 학년별 집중 교육 주제

중1: '정체성' 교육

- 중1 학생들의 일반적인 정체성
  - 나는 잘 생기지도 않았고 키도 작아서 별 가치가 없어 보인다.
  - 친구들은 벌써 어른이 다 되었는데, 나는 아직도 초등학생 같다.
  - 나는 특별히 잘하는 것(공부, 운동, 노래, 연기, 춤)이 없는 것 같다.
  - 나는 그냥 우연히 만들어진 존재인 것 같다.

중2: '목적' 교육

- 중2 학생들의 일반적인 삶의 목적
  - 나는 우연히 만들어졌다고 생각하기 때문에, 삶의 목적이 없다.
  - 나는 행복하고 평화롭게 사는 것이 가장 큰 목적이다.
  - 많은 물질을 소유하는 것이 가장 중요하다.
  - 만약 내 삶에 고통이나 힘든 일이 발생하지 않는다면 하나님은 중요하지 않다.

중3: '신앙의 핵심' 교육

- 중3 학생들의 일반적인 믿음
  - 모든 종교는 비슷하다.
  - 내 신앙에 확신이 없다.
  - 누군가와 신앙적인 논쟁을 할 자신이 없다.

고1: '자유 함' 교육
- 고1 학생들의 자유에 대한 일반적인 생각
  - 예수건 뭐건 내가 하고 싶은 대로 할 때가 가장 자유롭다.
  - 나는 자유를 찾고 싶고, 책임은 거부하고 싶다.
  - 권위를 거부할 때 자유가 온다.
  - 권위를 거부할 수 있다는 것은 내가 컸다는 것이다.

고2: '미래' 교육
- 고2 학생들의 일반적인 생각
  - 미래를 위한 나의 결정은 나를 행복과 평안의 길로 인도해 줄 것이다.
  - 남들이 다 잘되는 길을 선택하면, 나도 잘될 것이다.

고3: '절대적 진리' 교육
- 고3 학생들의 일반적인 믿음
  - 모든 진리는 상호 연관성이 있다.
  - 다른 사람들이 무엇을 믿는지 상관할 바가 아니다.
  - 모든 종교의 경전은 비슷한 권위가 있다.
  - 모든 종교는 같은 신을 믿으며 신자들은 그 신과 영생을 보내게 된다.

청소년들의 연중 스케줄에 민감하게 반응하라

청소년들이 어떤 삶을 살고 있는지, 어떤 스케줄 속에 있는지 아는 것은 설교자들에게 필수적인 일이다. 특히 학업 성적이 무척 예민한 우리나라 교육 현실에서 청소년들이 시험 기간 때 받는 스트레스는 보통이 아니다. 그렇기에 청소년들의 학업 스케줄 및 학사 일정 정도는 사역자가 꿰고 있어야 좋은 설교가 가능하다.

청소년들의 스케줄에 따라서 증거 할 메시지의 포인트를 다르게 할 수 있다. 대략 1년을 주기로 청소년들의 스케줄을 구분하면서 메시지의 중점을 다양하게 할 수 있다.

청소년 스케줄에 따른 설교 강조점

학기 초
많은 청소년이 학기 초가 되면 불안해한다. 특히 중학교에 갓 입학하는 학생들의 스트레스 지수가 매우 올라간다. 가장 부담을 많이 갖는 학년이 고1이다. 대학교 입시에 처음 반영되는 내신이기 때문이다. 이때는 청소년들에게 힘과 용기를 불어넣어 주는 메시지를 증거하면 좋다. 한 학기를 승리할 수 있는 영적인 힘을 주는 메시지 전달이 효과적이라고 할 수 있다.

시험 기간
가장 스트레스를 많이 받는 시험은 1학기 중간고사다. 첫 번째 시험을 잘 봐야 한다는 생각이 매우 크다. 그러면서 동시에 시험 기간에 교회를 등한시하는 경우가 꽤 있다. 시험 기간에 학원 스케줄이 교회와 겹치기 때문이기도 하지만, 무엇보다 불안 심리가 크다. 다른 학생들은 학원에서 보충 학습을 하는데 혼자 예배드릴 때, '나는 보충 학습을 하지 않아도 괜찮을까'라는 생각이 크게 든다. 따라서 시험 기간에는 믿음에 관한 내용을 집중적으로 선포해 줘야 한다. 다른 친구들처럼 학원에 가지 않고, 예배에 집중하면서도 얼마든지 믿음으로 승리할 수 있다는 사실을 심어 줘야 한다.

체육대회, 수학여행, 축제 기간
연중 청소년들이 가장 자유 함을 누리는 기간이다. 보통은 중간고사 이후에 이런 브레이크가 찾아온다. 이때 자칫하면 학생들이 흐트러지기 쉽고, 예배 출석률이 떨어질 수 있다. 아이들의 영적인 상태를 알고 설교 준비를 해야 한다. 노는 시간이 늘어나고 자유로운 시간이 많아질 때도 영적으로 긴장해야 함을 강조해야 한다.

방학 기간
방학은 영적 추수의 때다. 이런 공식을 세워야 한다. "방학 = 은혜 = 수련회" 방학 때 학생들을 어떻게 해서든지 구워삶아서 믿음을 성장시켜야 한다. 수련회 기간뿐 아니라 준비 기간부터 이런 정신이 필요하다. 방학을 잘 보내면, 청소년부 학생들이 말씀을 잘 먹고 영적으로 크게 성장한다.

Change 3.

청소년들이 좋아하는 설교자가 되어라!

청암교회 청소년들에게 다음과 같은 질문을 했다.

Q. 당신이 가장 좋아하는 설교자는 누구입니까?
  a. 이찬수 목사님
  b. 유기성 목사님
  c. 강은도 목사님
  d. 양현서 목사님

결과는 만장일치로 '양현서 목사님'이 나왔다. 결과가 이상하지 않은가? 이찬수 목사님과 유기성 목사님은 우리나라에서 설교 조회 수가 가장 높은 분들이다. 강은도 목사님은 청소년 집회 최고의 명강사다. 그런데 왜 '양현서 목사님'이라는 답변이 나왔을까? 바로, 청암교회 청소년부 담당 목사이기 때문이다. 아무리 능력이 탁월하고, 언변이 뛰어나고, 대외적으로 유명할지라도, 청소년들은 내가 좋아하는 사람을 좋아한다는 특징이 있다.

그렇다면, 학생들은 누구의 설교를 좋아할까? 당연히 내가 좋아하는 사람의 설교를 좋아한다. 청소년들에게 설교를 잘하기 위해서는 청소년들이 좋아하는 설교자가 되면 된다. 청소년들이 좋아하는 설교자의 모습은 어떤 모습일까?

1. 따뜻함과 친근감과 보살핌이 있는 설교자

『십대의 마음을 꿰뚫는 설교』에 보면 이런 스토리가 있다.

존 웨슬리가 2층 방에서 밖을 보는데 금세 폭동이라도 일어날 기세였다. 사람들은 창 안으로 돌을 던졌다. 와장창 유리창이 깨지는 소리가 들렸고 사람들의 성난 목소리가 들렸다. 난동꾼들은 웨슬리 집 안에 밀려 들어와서 웨슬리와 함께 여행하는 사람들을 공격했다. 그때 웨슬리는 그 사람들, 그 폭도들 사이를 비집고 들어갔다. 그리고 그들 앞에서 이야기했다. 다음은 웨슬리 일기에 적힌 내용이다.

"내 마음은 사랑으로 가득 찼고, 내 눈에는 눈물이, 내 입에는 논리 있는 주장이 가득했다. 그 사람들은 놀랐다. 그들은 부끄러워했다. 그들은 녹아내렸다. 그들은 내 말을 하나도 놓치지 않고 꾹꾹 새겨들었다."

피에 굶주린 성난 폭도들이 한 영국인 목사에게 설복당했다. 웨슬리가 가진 무기라고는 사랑이 가득한 마음, 눈물이 그렁그렁한 눈, 논리 있는 주장뿐이었다. 물론 그날 하나님이 개입하신 것이다.[31]

도무지 듣지 않으려 했던 청중이었지만, 자신을 진심으로 보살펴 주는 사람에게 설복당한 것이다. 미국 루터파 교인들을 대상으로 한 설문 조사를 보니까, 회중의 83%가 설교에서 설교자의 신학 지식이나 성경 지식보다 설교자의 따뜻함, 친근감, 호감을 더 중요한 요소로 꼽았다.[32]

특히 이 시대의 청소년들은 좋은 어른을 찾고 있다. 그런데 없어도 너무 없다. 넷플릭스 드라마 '지금 우리 학교는'을 보면, 청소년들이 "어른들은 우리를 돕지 않는다", "어른들은 우리를 구하지 않는다"를 외치고 있다. 어찌 보면, 이 시대의 메시지일 수 있다. 청소년들에게는 좋은 어른이 필요하다. 만약에 청소년 사역자가 청소년들에게 따뜻함과 친근감과 보살핌을 줄 수 있다면, 청소년들은 설교의 내용과 상관없이 그 설교자의 설교를 가장 좋아하고 신뢰할 것이다.

설교 시간에 학생들이 집중하지 않는다고 혼낼 필요가 없다. 설교자만 손해다. 관계만 더 나빠진다. 인내가 답일 수 있다. 따뜻한 분위기 속에서 한 명 한 명을 응시하면서 대화체로 설교할 필요가 있다.

청소년들은 딱딱한 어른을 싫어한다. 청소년들의 눈높이에서 그들의 삶 안에서 설교를 진행해야 한다. 청소년 설교자는 부드러움을 잃지 말고 유머를 사용하면서 설교할 수 있어야 한다. 가장 좋은 방법은 아이들의 이름을 부르면서 설교하는 것이다. 우리 교회 모든 학생의 이름을 다 외워서 설교 시간에 한 명씩 불러준다면, 아이들은 설교자의 따뜻한 마음을 헤아리게 될 것이다.

학생들은 사역자가 자신의 이름을 불러 주길 정말 원한다. 과거에 사역할 때, 학생들이 너무 많아서 설교 시간에 몇몇 아이들의 이름만 불러줬더니, 쪽지로 자신의 이름을 불러 달라고 요청한 학생이 많았다. 설교할 때 학생들의 이름을 불러 주는 것만으로도 학생들과 친근감이 형성된다.

청소년들에게 말씀으로 먼저 능력을 보여 주려고 애쓰기보다 따뜻함과 친근감과 보살핌으로 사랑을 표현하려고 애써라. 그러면 당신은 학생들이 좋아하는 설교자가 될 것이다.

2. 말이 아닌 삶으로 보이는 설교자

청소년들은 청소년 설교자의 어떤 면에 감동을 받을까? 청중을 들었다 놨다 하는 화려한 언변의 메시지가 수련회나 특별 집회 때는 통할 수 있다. 하지만 학생들이 매 주일 담당 사역자를 볼 때, 사역자의 설교 스피치만 보는 것이 아니다. 시간이 흐르면 흐를수록 사역자가

'사람'으로 보인다. 그래서 어느 순간에 그 사람이 어떠 사람인지에 관심을 갖게 된다.

만약 담당 사역자의 모습을 통해서 감동이나 존경을 받은 적이 있는 학생이라면, 주일 설교 때 무조건 은혜를 받을 확률이 높다. 이런 면에서 볼 때, 설교자의 설교문은 종이가 아니라 삶이다. 참된 청소년 설교자는 설교 시간에만 외치지 않고 평소에 자신이 설교한 대로 살고 있다.

필자는 청소년 사역을 마무리하면서 제자들에게 물어봤다. "내가 청소년 사역에서 가장 강조했던 것이 무엇이었니?" 대부분 '기도'라고 답했다. 나는 학생들에게 설교 시간에 기도가 중요하다고 강조만 하고 끝낸 적이 없었다. 직접 기도했다. 늘 기도하는 모습을 보여 주었다. 산에 가서 기도했고, 아무리 피곤해도 기도의 자리를 지켰고, 수련회를 하면 내 목소리가 가장 먼저 쉬었다. 제자들은 이미 알고 있었다. 기도가 왜 중요한지.

간혹 사역자들 가운데 학생들이 자신의 삶을 잘 모를 것이라고 생각하며 사역하는 경우가 있다. 심지어는 음성적으로 반복적인 죄를 지으면서도 아무렇지 않게 설교 사역을 한다. 이 설교자는 몇 가지 큰 착각 속에 빠져있다.

첫째, 학생들은 모를 수 있지만 하나님은 다 알고 계신다는 사실이다. 둘째, 학생들은 모를 수 있으나 설교자의 양심은 여전히 죄를 지적하고 있을 것이다. 셋째, 학생들이 이미 알고 있을 수 있다. 학생들은 사역자가 생각하는 것 그 이상으로 사역자의 내면을 꿰뚫어 보고 있다. 평소 언행과 삶이 얼마나 일치하는지, 학생들이 알고 있을 확률이 매우 높다.

기독교교육은 말로 하는 것이 아니라, 모델링(modeling)이고 샘플링(sampling)이라는 말이 있다. 반대로 설교자의 설교가 약하더라도 삶이 강하면, 그분의 설교는 청소년들에게 최고일 확률이 높다. 청소년들은 담당 사역자 앞에서 듣고 배우는 것이 아니라 사역자 설교 뒤에서 보고 배운다.

아리스토텔레스는 훌륭한 커뮤니케이션이 이뤄지려면 에토스, 파토스, 로고스가 필요하다고 주장했다. 에토스는 설교자, 파토스는 청중, 로고스는 말씀을 뜻한다. 설교에서 3가지 모두 중요하지만, '누가 설교자인가?' 즉, 에토스가 매우 중요하다.

특히 청소년은 누가 설교하느냐에 따라서 그 설교를 들을 수도 있고 듣지 않을 수도 있다. 그날 설교자가 전달하는 메시지만큼이나 중요한 것은 설교자의 진실성과 신뢰도다.[33] 청소년들은 삶으로 살아내는 설교자를 가장 좋아한다.

3. 인격을 보여 주는 설교자

청중의 마음속에 오래 머무는 것은 결국 설교자의 인격이다. 그만큼 인격이 중요하다. 고린도전서 2장 3-5절에서 사도바울은 이렇게 말했다.

"내가 너희 가운데 거할 때에 약하고 두려워하고 심히 떨었노라 내 말과 내 전도함이 설득력 있는 지혜의 말로 하지 아니하고 다만 성령의 나타나심과 능력으로 하여 너희 믿음이 사람의 지혜에 있지 아니하고 다만 하나님의 능력에 있게 하려 하였노라"

바울과 같은 믿음의 거장도 말씀을 증거할 때, 두렵고 떨림이 있었다고 고백했다. 설득력 있는 지혜의 말에 초점을 맞추지 않고 하나님의 능력에 집중했다.[34] 결국 바울은 자신의 인격을 통해서 하나님의 능력을 보여 주면서 말씀 사역을 했던 것이다.

특별히 설교자의 인격에서 중요한 것은 진실함이다. 겉으로는 뻔지르르하게 말하고 있을지라도, 내면의 상태를 체크하는 것이 무척 중요하다. 얼마나 순수한 동기와 열정을 가지고 말씀을 준비하고 전달하고 있는지 반드시 확인해야 한다. 하나님의 말씀을 증거하는 설교자에게 진실함이 있을 때, 온전한 인격을 소유했다고 할 수 있다.

청소년 청중은 나이가 어리다. 혹시라도 설교하면서 청소년들을 얕잡아 보거나 무시하는 언행을 하고 있지 않나 점검해야 한다. 그리고 학생들을 진심으로 사랑하는 마음을 가지고 설교하는지, 그들의 삶에 관심이 있는지 늘 확인해야 한다.[35] 청소년들에게 설교자의 참된 인격이 보인다면, 그 사람은 최고의 설교자다.

4. 열정적인 설교자

청소년들은 열정 있는 설교자를 좋아한다. 실은 청소년뿐 아니라 모든 청중이 열정 있는 설교자를 좋아할 것이다. 마틴 로이드 존스는 설교자를 '불타는 사람'이라고 했고, 조지 휫필드는 눈물 없이 설교를 끝내는 법이 없었다고 한다. 리처드 백스터는 '죽어가는 자가 죽어가는 자에게 하듯' 설교하라고 했다.[36]

설교에서 열정은 필수다. 설교자는 반드시 말씀에 대한 확신과 열정을 가지고 강단에 서야 한다. 설교자가 뜨거우면 그 열기는 그새 청중에게 전염된다. 설교자가 차갑다면, 그 청소년부에서는 뜨거움을 찾을 수 없을 것이다.

설교자는 언제 마지막으로 눈물로 설교했는지 확인해 봐야 한다. 학생들의 이름을 한 명씩 한 명씩 부르면서 언제 눈물로 기도했는지 점검해야 한다. 결국 설교자의 열정은 기도에서 온다. 한 주간 얼마나 기도로 준비했는지 설교를 듣는 청소년들이 금방 알 수 있다.

내 설교에서 기억에 남는 순간이 있다. 총신대학교 신학대학원 양지 캠퍼스에서 있었던 총회 청소년 연합 집회였다. 그날 생각보다 일찍 학교에 도착했다. 약 20년 만에 방문한 캠퍼스라 감회가 참 새로웠다. 그래서 그날 과거를 더듬어 영적 회상을 하면서 학교 다닐 때 자주 갔던 뒷산 기도굴에 갔다. 그리고 과거의 모습처럼 간절히 기도했는데 그 기도굴에서 강력한 성령의 임재를 경험했다. 그리고 저녁 집회를 인도하는데 기도굴에서 임하셨던 성령님이 동일하게 집회 장소에 임하셨다. 그동안 인도했던 외부 집회 중 가장 뜨거웠던 순간으로 기억한다.

청소년 사역자에게 필요한 것은 열정이다. 그 열정은 기도할 때, 성령 충만으로 만들어지는 것이다. 당신 교회의 청소년들 역시 열정적인 설교자를 찾고 있을 것이다.

특히 청소년은 누가 설교하느냐에 따라서
그 설교를 들을 수도 있고 듣지 않을 수도 있다.
그날 설교자가 전달하는 메시지만큼이나 중요한 것은
설교자의 진실성과 신뢰도다.
청소년들은 삶으로 살아내는 설교자를
가장 좋아한다.

Change 4.

청소년 설교 커리큘럼을 디자인하라!

1. 청소년 설교, 커리큘럼이 왜 필요한가?

청소년 설교는 두 가지 측면을 봐야 한다. 첫째, 청소년 설교는 하나님 말씀으로서 선포되어야 한다. 하나님의 말씀이 학생들에게 선포되고, 그 말씀으로 학생들의 심령이 감동해야 한다.

둘째, 청소년 설교는 학생들의 신앙 교육 과정이어야 한다. 청소년기는 2차 성징이 일어나서 육체적으로 급성장한다. 또한 청소년들은 신앙에 있어서도 급성장할 수 있다. 그러므로 청소년들의 신앙을 온전히 성장시키기 위한 '균형 잡힌 신앙 교육 과정'이 필요하다. 이 교육 과정은 청소년 설교의 커리큘럼을 만들고, 그 안에서 설교할 때 매우 효과적이다.

교육 과정으로서의 청소년 설교가 얼마나 중요한지 최근 제자와 함께한 대화를 통해서 알게 되었다. 청소년기 설교 시간에 언급해 준 주제들, '주일성수', '술 담배 문제', '이성 교제', '동성애', '크리스천의 삶의 목표' 등이 나중에 대학 생활을 할 때 아주 큰 도움이 되었다고 했다. 그러나 자신의 후배 중에 이런 교육 과정을 접하지 못한 학생들은 이 이슈에 부딪힐 때 돌파구를 쉽게 찾지 못했다고 한다.

따라서 청소년 설교자는 끊임없이 청소년 삶에 관심을 가져야 하며, 시대의 흐름도 읽을 줄 알아야 한다. 공교육 현장에서 시대에 맞춰서 교과서를 개편하듯이 청소년 설교자도 시대에 맞게 커리큘럼을 만들어야 한다.

청소년 설교 커리큘럼을 계획할 때는 '청소년기에 반드시 들어야 할 메시지가 무엇인가?' 고민을 많이 해야 한다. 설문 조사 결과를 보면 청소년들이 설교 시간에 듣고 싶은 주제로 '진로 및 비전' 43.9%, '기독교 세계관' 19.5%, '복음' 17.6%, '이성 교제 및 성' 15.1% 라고 답변했다.[37]

또한 청소년 사역자들도 자신들의 경험상 청소년들이 듣고 싶어 하는 설교 주제로 '진로와 비전' 28.9%, '학교에서의 삶' 25.3%, '이성 교제' 20.5%, '기독교 세계관' 19.3%로 청소년들과 비슷한 비율로 답변했다.[38] 학생들이 듣고 싶어 하는 4가지 이슈는 반드시 커리큘럼에 포함해야 한다고 생각한다.

가장 듣고 싶은 설교 주제는 무엇입니까? - 청소년 대상 설문 조사

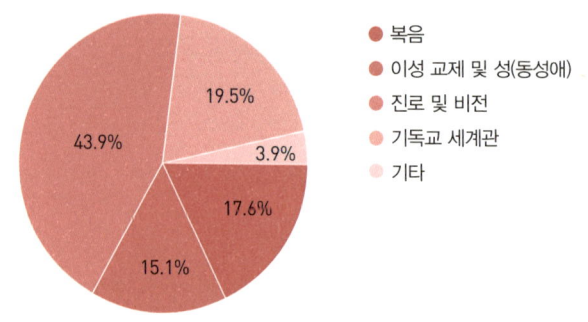

학생들이 가장 흥미 있어 하는 설교 주제는 무엇입니까?
- 청소년 사역자 대상 설문 결과

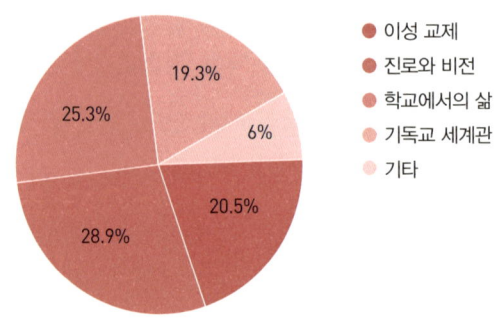

청소년 설교에서 커리큘럼이 필요한 조금 더 구체적인 이유가 있다. 첫째, 사역자들이 주로 자기가 좋아하는 주제나 본문으로 설교하기 때문이다. 메시지 전달이 청중 친화적이라기보다 설교자 친화적인 경우가 더 많다. 따라서 잘못하면 청소년들에게 전달되는 메시지가 편

중될 확률이 매우 높다.

둘째, 교육부 사역자가 평균 2년마다 바뀌는 한국 교회의 현실 때문이다. 사역자들이 보통 부임하자마자 하는 설교 주제가 복음이다. 성경은 요한복음을 많이 선택한다. 그래서 어떤 교회는 2년마다 학생들이 비슷한 내용의 설교를 듣고 있다.

셋째, 청소년기가 자녀들이 교회에 잘 붙어 있는 마지막 때이기 때문이다. 따라서 이때 신앙을 성장시켜 주기 위해서 균형 잡힌 메시지를 들려 주어야만 한다.

넷째, 설교를 미리 준비하기 위함이다. 연초에 1년 설교를 계획하는 것과 그때그때 준비하는 것의 차이는 꽤 크다. 미리 준비하면 훨씬 더 좋은 수준의 설교를 할 확률이 높다.

2. 청소년을 위한 커리큘럼 개발하기

청소년 설교의 커리큘럼은 다음의 방식을 이용하면 된다. 첫째는 이미 만들어진 커리큘럼을 이용하는 방법이다. 교단 총회의 공과나 선교 단체의 공과나 큐티집은 이미 완성된 커리큘럼을 가지고 있다. 그리고 생각보다 커리큘럼의 기본적인 요소가 탄탄한 경우가 많다. 그래서 나와 있는 본문대로 매주 설교를 진행하면 된다. 매우 쉬운 방법이다.

둘째는 자체 커리큘럼을 개발하는 방법이다. 이때는 커리큘럼의 기본 요소들을 포함하면서 작업해야 한다. 보통 교육 과정이라고 부르는 커리큘럼 안에는 4가지 요소가 있다. 교육 목표, 교육 범위, 학습자, 교육 방법이 있다.[39] 사역자는 분명한 교육 목표와 방향성을 잡아야 한다. 그리고 어디까지 가르칠 것인지 범위를 잡아야 한다. 지금 설교를 들어야 할 대상인 학습자에 관한 연구가 필요하다. 그리고 어떠한 방시의 방법론을 사용할지 고민해야 한다.

자체 커리큘럼을 어떻게 개발해야 하는지 조금 더 설명하면 이렇다. 첫째, 우리 청소년부에서 학생들에게 무엇을 가르쳐야 하는지 정확히 정한다. 이것은 여러 자료를 활용하거나 사역자의 경험을 토대로 결정할 수 있다.

둘째, 1년 단위 커리큘럼을 짤지, 3년으로 짤지, 6년으로 짤지 그 기간을 정하면 된다. 기간에 정답이 있는 것은 아니다. 내년 사역이 어떻게 될지 모르니 1년 단위로 짤 수도 있고, 중학교와 고등학교의 과정을 따라서 각각 3년으로 짤 수도 있고, 통폐합해서 6년으로 짤 수도 있다. 보통 3년 단위의 계획을 수립할 것을 추천한다.

셋째, 어느 정도 구상이 끝나면 이것을 가지고 기존 교육 커리큘럼과 비교를 하면 된다. 기존에 완성된 커리큘럼을 자주 보면, 당신이 준비하는 커리큘럼이 더욱 분명해질 것이다.

설교 커리큘럼을 처음 짜려고 하면, 무척 부담될 수 있다. 그러나 설교 커리큘럼을 준비하면 학생들에게 더욱 풍성한 영적인 먹거리를 주게 될 것이다.

덕 필즈와 더피 로빈슨은 청소년 설교의 주제를 크게 '성경, 삶, 교회'라는 3가지 주제로 나누어서 균형 있는 교육을 추구했다. 그리고 커리큘럼의 기간을 3년으로 해서 다음과 같은 설교 커리큘럼을 만들었다.[40]

덕 필즈와 더피 로빈슨의 설교 장기 커리큘럼

중1/고1	중2/고2	중3/고3
성경		
복음서 예수님은 누구신가? 그리스도인은 누구인가? 창세기 다윗 연구 바울 연구 성경을 어떻게 공부할 것인가?	요한 서신 로마서 하나님은 누구신가? 예레미야 연구 출애굽기 연구 야고보서 연구 기도	사도행전 성령 느헤미야 연구 요나 연구 디모데전후서 데살로니가전후서 예수님의 비유
삶		
청소년 문제 유혹 이겨내기 친구 관계 자아 정체성	현명한 선택 청지기 직분, 돈 마약, 술 가정	하나님의 뜻 알기 섹스, 데이트 삶으로 전도하기 그리스도의 결혼관
교회		
교회는 무엇인가? 교회 생활 섬기는 사명	예배 다른 사람들을 돌봄 교회의 지체	성령의 은사들 선교 교회 내의 관계: 갈등, 격려

다음은 군산 드림교회에서 사역할 때 만들었던 9년 설교 커리큘럼이다. 이 커리큘럼은 1년 단위로 만들었다. 솔직히 말하자면, 먼 미래를 보기 어려운 부교역자의 현실이 고려된 것이다.

청소년부 9년 설교 커리큘럼

1년	신앙의 코어 시리즈	요한복음 (복음서)	성과 이성 교제	요나 (선지서)		
2년	신앙의 코어 시리즈	빌립보서 (바울서신)	성과 이성 교제	다윗, 믿음의 사람 (역사서)	사사기 (특새)	여호수아 (수련회)
3년	비전 시리즈	신앙의 코어 시리즈	로마서 (바울서신)	성과 이성 교제	다니엘 (선지서)	
4년	신앙의 코어 시리즈	사도행전	성과 이성 교제	모세 (출애굽기)		
5년	Renew 시리즈	창조론 vs 진화론	요한계시록 (묵시록)	성과 이성 교제		
6년	믿음 시리즈 (히브리서)	엘리야 엘리사 (왕상하)	성과 이성 교제	디모데전서	느헤미야	
7년	신앙의 코어 시리즈	에베소서 (교회론)	성과 이성 교제	레위기		
8년	신앙의 기본 시리즈	마태복음	성과 이성 교제	선지자 (대소선지서)		
9년	신앙의 기본 시리즈	고린도후서	성과 이성 교제	여호수아		

설교 커리큘럼 작업은 매년 10월 말까지 완료했다. 앞선 해의 커리큘럼과 겹치지 않게 했고, 매년 발전시켰다. 1년 단위로 커리큘럼을 짜는 것도 나쁘지 않다. 오히려 현실적일 수 있다고 생각한다. 필자는 다음의 원칙을 가지고 커리큘럼을 만들었다.

1. 1년에 한 번은 구약, 다른 한 번은 신약으로 강해 설교를 한다.
2. 매년 시작은 신앙의 기본이 되는 코어 시리즈를 반복해서 설교한다. 코어 시리즈 주제는 청소년들에게 가장 중요한 예배, 말씀, 기도, 헌금, 선교다.
3. 매년 여름에는 성과 이성 교제에 대한 시리즈로 설교했다. 그 이유는 이성 교제가 청소년들이 매우 관심 있어 하는 주제이자, 반드시 기독교 세계관 속에서 공부해야 할 매우 중요한 주제이기 때문이다.
4. 구약은 양 자체가 방대하기 때문에, 인물 중심의 강해 설교를 하는 경우도 있었다.
5. 오경, 역사서, 선지서, 복음서, 서신서, 계시록 등으로 전체적인 균형을 맞추면서 성경 각 권을 선택했다.
6. 목표는 청소년들이 6년 동안 성경을 최대한 골고루 배우게 하는 데 있다.
7. 청소년들 삶의 중요한 이슈는 강해 설교 안에 스며들게 했다. 따로 청소년 이슈를 넣지 않은 것처럼 보이지만, 강해 설교 안에 늘 포함되어 있다.

Change 5.

이제, 청소년 설교 이렇게 하라!

1. 설교의 주제를 잡아라

가장 먼저 하고 싶은 이야기는 청소년 사역자라면 반드시 1년 설교에 대한 마스터플랜을 짜야 한다는 것이다. 새롭게 세운 연간 주제가 있다면, 설교 역시 그 주제 안에서 세팅해야 한다. 설교 계획은 분기별로도 수립해야 하며, 월별로도 수립해야 한다. 그리고 가능하면 교사들과 학부모들이 알고 있어야 한다.

그리고 되도록 주일 설교와 분반 공부 내용을 일치시켜라. 많은 청소년이 설교도 놓치고 분반 공부 내용도 놓치고 있다. 교사들에게 다음 주 설교 내용을 성경 공부식으로 간략하게 설명해 주는 것도 좋다. 분량은 A4 1-2장 정도로 짧게 해서 미리 교육하면, 교사들이 분반 공부를 준비하는 데 부담이 확 줄어든다. 무엇보다 설교자도 한 주 전에 설교 준비를 할 수 있다는 장점이 있다. 주중에 설교 원고가 작성되면, 그때 분반 공부용 퀴즈를 몇 개 만들고 그 질문을 주보에 올리면 된다.

청소년들에게 설교할 때는 균형 잡힌 주제로 접근해야 한다. 사역자에 따라서 워낙 선호하는 본문이 다르기 때문에 이 부분에 신경을 많이 써야 한다. 교리, 성경 각 권, 학생들의 삶, 교회 절기에 대한 부분을 균형 있게 다루며 설교 주제를 잡는 것이 좋다.

사역자들이 한 교회, 한 부서에 오래 있지 못하고 자주 바뀐다는 특징이 있지만, 그래도 설교의 장기 플랜을 세우는 것이 좋다. 처음 사역지에 부임하면 3년 정도의 설교 커리큘럼을 준비해 두는 것이 좋을 듯하다. 가급적 청소년들이 신구약의 말씀을 골고루 들을 수 있도록 디자인하면 좋다.

2. 명 설교자의 설교 준비를 따라 하라

설교 준비는 기본에 충실하는 것이 가장 중요하다. 청소년 설교도 말씀 연구가 부실하거나 제대로 준비되지 않으면, 아무리 방법론이 좋아도 의미가 없다.

강해 설교의 대가인 존 스토트와 해돈 로빈슨의 주중 설교 준비 과정을 소개하면 다음과 같다.⁴¹⁾ 이들의 설교 준비 과정은 기본 중의 기본이라고 할 수 있어서 참고하면 큰 도움이 되리라 생각한다.

존 스토트의 강해 설교 준비 과정

1. 본문 선택하기

2. 본문 연구하기

3. 중심 주제 드러내기

4. 중심 주제에 맞추어 자료 배열하기

5. 서론과 결론 첨가하기

6. 설교문 작성하고 메시지를 위해 기도하기

해돈 로빈슨의 강해 설교 준비 과정

1. 본문 선택하기

2. 본문 연구하기

3. 본문 중심 주제 찾기

4. 본문 중심 주제 분석하기

5. 설교 중심 주제 진술하기

6. 설교 목적 결정하기

7. 설교 목적을 이룰 수 있는 설교 구조 결정하기

8. 설교 개요 작성하기

9. 설교 개요 채우기

10. 서론과 결론 준비하기

덕 필즈와 더피 로빈슨은 청소년들에게 효과적인 설교를 하기 위해서 요일별로 이렇게 준비하라고 말한다.

1. 화요일 아침 : 본문 연구 시작(Study)
2. 화요일 아침부터 주일 아침 설교 직전까지 : 내가 연구한 것을 놓고 계속 생각(Think)
3. 수요일 아침 : 가르칠 메시지 내용의 개요나 흐름을 구성(Construct)
4. 일주일 내내 그리고 금요일 아침 : 메시지의 기본 구조가 만들어졌으므로 예화가 어디에 필요한지 생각하기 및 예화 확정 (Illustrate)
5. 토요일 밤 또는 주일 아침 : 필요 없는 내용을 잘라내고 메시지의 초점을 분명하게 유지(Keep a clear focus) [42]

3. 청소년 설교의 11단계 베이직

필자의 경우 23년간 청소년 사역을 해오며 설교 준비 루틴이 만들어졌다. 오랜 시간 해 온 설교 준비 과정이니 참고가 되면 좋겠다.

1. 본문 정하기

본문이 정해져 있어도 모든 설교 준비는 제로 포인트에서 시작한다. 주로 강해 설교를 했기 때문에 본문이 늘 정해져 있었다. 그래서 본문

선정에 에너지를 쏟지 않아도 된다는 장점이 있었다. 익숙한 본문이든, 그렇지 않은 본문이든, 백지상태에서 설교 준비를 시작했다.

2. 말씀 묵상하기

월요일부터 말씀 묵상을 시작한다. 설교를 준비할 때 가장 중요한 순간은 성경을 그냥 한글 개역 개정판으로 읽고 말씀을 묵상하는 시간이다. 하나님이 나에게 주신 이 말씀을 조용히 여러 번 읽다 보면, 의외로 새롭게 보이는 내용이 많다. 그 시작을 늦어도 월요일에 한다. 이르면 주일 저녁에 시작하기도 한다.

3. 본문 연구하기

화요일부터 말씀 묵상과 더불어 성경 원어와 주석을 활용해서 본문을 연구한다. 청소년 설교를 하든, 어린이 설교를 하든, 설교자는 해당 본문의 마스터가 되어야 한다. 따라서 성경 원어 분석을 통해서 본문의 의미를 정확히 파악하기 위해 노력한다.

이때 로고스 프로그램을 이용하는데 과거에 비하면 본문 원어 분석이 정말 수월하게 가능하다. 또한 본문 배경의 깊이 있는 이해를 위해서 주석 등의 여러 자료를 살핀다. 참고 자료는 매우 중요하기 때문에 본문 강해를 시작하기 1달 전에는 가장 좋은 주석류를 미리 준비해 놓는 편이다. 말씀 연구와 해석에 쏟는 시간은 3일 정도다.

4. 설교 주제 잡기

목요일까지 설교의 중심 주제, Big Idea를 만든다. 설교에 중요한 것은 중심 주제 잡기라고 생각한다. 때로는 강해 설교를 한답시고 그룹 성경 공부와 별반 차이가 없이 성경을 한 구절씩 해석하기도 한다. 그 방법이 나쁜 것은 아니지만, 청소년들에게 집중력 있는 메시지가 선포되려면 본문이 말하고자 하는 중심 주제를 찾는 것이 꼭 필요하다. 따라서 본문이 말하고자 하는 핵심 주제를 찾는 씨름을 계속한다. 본문 해석이 끝나고 중심 주제가 잡히면, 거의 설교 골격이 나오는 편이다.

5. 설교 도입부 준비하기

목요일 이후에는 설교 도입부, 서론을 준비한다. 청소년 설교에서 서론은 매우 중요하다. 청소년들은 설교 초반에 그 설교를 들을지 말지 결정하기 때문이다. 따라서 청소년 설교 서론은 청소년들의 설교 집중력과 관심도를 올리는 데 매우 중요하다.

누구나 다 예측할 수 있는 뻔한 내용의 서론은 지양한다. 예측이 가능하면 이미 서론에서 설교를 실패한 것이다. 이왕이면 청소년들의 흥미를 끌 수 있는 요소를 찾는다. 천편일률적으로 서론을 구성하지 않는다. 어떤 때는 학생들의 참여, 어떤 때는 퀴즈, 어떤 때는 영상, 어떤 때는 스토리 등 다양하게 준비한다.

그런데 서론이 설교의 전부가 아니기에, 여기에만 너무 집중해서는 안 된다는 점을 주의해야 한다. 나는 서론은 무슨 일이 있어도 5분을 넘기지 않으려고 했다. 하지만 중요했기 때문에 많은 에너지를 쏟았고, 그로 인해서 학생들이 설교에 집중을 잘할 수 있었다.

6. 설교 양념 찾기

목요일 이후에는 청중에게 설교를 효과적으로 전달할 수 있도록 도와주는 설교의 양념을 찾는다. 청소년 설교에서 중요한 것 중 하나가 설교 양념이다. 보통 청소년들은 말씀의 생고기보다 양념 고기를 더 좋아하는 성향이 있다. 특히 청소년들에게 들리는 설교를 하기 위해서는 지금 청소년들의 상황에 잘 맞는 메시지로 포장할 필요가 있다.

7. 설교 구조 완성하기

설교의 구조는 금요일이 되기 전까지 완성한다. 설교 뼈대 완성하기는 늘 목요일 저녁까지로 목표를 두었다. 간혹 금요일 새벽으로 넘어가는 경우도 있었지만, 이변이 없는 한 목요일 저녁까지 설교 구조를 완성했다. 정확한 중심 주제를 세우고 설교의 제목을 잡고, 그 내용을 효과적으로 전달하기 위한 설교 서론을 구성했다.

그리고 서론이 서론으로 끝나지 않고 본문의 내용과 자연스럽게 연결되게 했다. 설교 본론에서는 성경 본문의 내용이 충분히 설명되고 전달되도록 했다. 그리고 청소년들의 언어로 그들의 상황에 맞추어 그들의 삶에 줄 수 있는 적용 점을 찾아서 결론으로 마무리했다.

필자는 지금까지 설명한 설교의 모든 구조를 수기로 작성했다. 설교 습작지 위에 여러 번에 걸쳐 주일에 해야 할 설교 내용을 썼다.

8. 원고 작성하기

금요일 오전에는 원고 작성을 한다. 설교 원고 타이핑 작업을 하는 것이다. 습작지에 여러 가지 형태로 작성하고 그린 내용을 청중이 들을 수 있는 언어로 바꿔서 글쓰기 작업을 했다. 그러면 1차 설교문이 완성된다.

9. 퇴고하며 설교 연습하기

토요일은 설교를 연습하면서 내용을 수정한다. 작성해 둔 원고로 PPT 작업을 하고, 다시 원고에서 수정이 필요한 내용을 찾는다. 그리고 중요한 것은 작성한 그 원고로 직접 설교 연습을 하는 것이다. 입으로 소리를 뱉으면서 연습할 때, 수정 사항이 발견되기 때문이다.

10. 성령의 도우심 구하기

끊임없이 성령의 도우심을 구한다. 설교 준비를 아무리 잘하고 많이 해도, 성령님이 도와주시지 않으면, 그 설교는 실패하게 된다. 따라서 설교 준비를 시작할 때부터 기도하는 것이 매우 중요하다. 기도의 양과 질이 최종 설교의 수준을 결정한다고 본다. 특히 설교하는 당일, 주일 새벽 기도 시간에는 설교를 위해 집중 기도를 한다.

11. 설교 연습하기

주일 새벽 예배 후, 최종적으로 설교 예행연습을 한다. 교회에 가기 전에 다시 한번 설교를 점검하는 것이다. 그리고 마지막 수정을 한다.

위의 내용을 종합해 보면, 이렇게 요약할 수 있다.

첫째, 설교 준비는 빨리 시작하는 것이 좋다. 절대로 시간에 쫓기며 설교 준비를 해서는 안 된다. 그러면 수준 낮은 설교가 나온다.
둘째, 일주일 내내 해당 본문을 묵상하는 연습을 해야 한다. 월요일에 설교 준비를 시작하고 매 순간 그 본문을 묵상하면, 결국 진국 설교가 나온다.
셋째, 청소년들의 삶을 계속 생각한다. 그러면 묵상한 말씀을 청소년들에게 어떻게 전달하면 좋을지 아이디어가 떠오른다.
넷째, 설교 처음 시작부터 마지막까지 오직 기도로 준비하는 훈련을 해야 한다.

보면 알겠지만, 설교 준비에 정말 많은 에너지를 투자했다. 거의 사역의 절반 가까이가 설교 준비일 때도 많았다. 이렇게 준비해도 늘 부족함을 느꼈다. 가장 감사한 일은 우리 교회 학생들이 내 설교를 정말 좋아했다는 것이다.

예배 시간에 맨날 지각하던 학생이 갑자기 일찍 교회에 가려고 하자 엄마가 놀라서 물어봤다고 한다. "무슨 일 때문에 이렇게 일찍 교회에 가니?" 그러자 학생이 "늦게 가면 재미있는 설교 못 듣는단 말이야"라고 답변을 했다고 한다.

수련회 때마다 학생들이 롤링 페이퍼를 적어서 줬는데 90% 이상이 설교에 관한 내용이었다. "목사님, 설교가 너무 좋아요." "설교가 너무 재미있어요." "늘 이런 설교 들려주세요." 대부분 이런 반응이었다.

실제로 연말에 학생들을 대상으로 청소년부 전체 시스템에 대한 설문 조사를 시행했는데, 설교에 대한 만족도가 99% 정도였던 것으로 기억난다. 심지어 SNS에 내 설교를 홍보하는 학생도 있었다. 사역했던 교회의 청소년부 부흥의 이유는 단연코 설교였다고 말하고 싶다.

정말로, 청소년 사역에서 가장 중요한 것은 설교다. 학생들에게 메시지가 들어가야 한다. 왜냐하면, 믿음은 들음에서 나오기 때문이다. 학생들이 담당 교역자 설교를 좋아하게 되면 믿음이 자랄 것이다. 그리고 부흥하게 될 것이다. 청소년 사역, 설교로 승부하길 소망한다.

4. 청소년 설교의 예

이성 교제 설교 시리즈 "성관계, 정말 안 되나요?"

고전 6:18-20

18 음행을 피하라 사람이 범하는 죄마다 몸 밖에 있거니와 음행하는 자는 자기 몸에 죄를 범하느니라
19 너희 몸은 너희가 하나님께로부터 받은 바 너희 가운데 계신 성령의 전인 줄을 알지 못하느냐 너희는 너희 자신의 것이 아니라
20 값으로 산 것이 되었으니 그런즉 너희 몸으로 하나님께 영광을 돌리라

얼마 전 저녁에 식구들과 함께 예능 프로그램을 보고 있었습니다. 그날 TV에는 한집에 살고 있는 젊은 커플이 등장했습니다. 충격적인 것은 그들은 부부가 아니었습니다. 동거를 하는 사이였습니다.

이제는 온 가족이 다 함께 예능 프로그램을 보면서 '어차피 곧 결혼할 텐데, 동거하는 것이 무슨 문제일까?', '우리는 사랑하는 사이고, 결혼하기 직전인데, 함께 사는 게 뭐가 문제지?'라는 생각을 누구나 할 수 있게 되었습니다. TV를 보면, 일반적으로 연예인들이 성에 대해서 하는 말이 매우 개방적입니다. 이것을 보는 여러분들은 그게 옳다고 생각하게 될 것입니다.

지난주 순결에 대한 설교를 하고 두 명의 여학생에게 연락이 왔습니다. 첫 번째 친구의 연락은 다소 충격적이었습니다. 남자 친구가 있는데, 자주 성관계를 요구한다는 것입니다. 그리고 자기 주변에 남자 친구랑 성관계를 안 맺은 친구가 없을 정도라고 말했어요. 심지어 교회에서 열심히 봉사하는 친구들도 별반 차이가 없다고 했습니다. 이런 이야기를 교회에서 열심히 사역하는 학생들이 수련회 때 서로 나누더라는 거예요.

이 여학생은 자기 남자 친구랑 성관계를 맺은 적이 없습니다. 그래서 그날도 남자 친구의 성관계 요구를 거절했습니다. 그리고 결국 설교를 듣고 그 남자 친구랑 헤어졌습니다. 목사님이 정말 잘했다고 했습니다.

두 번째 친구는 목사님이 설교할 때, 페북에 "남소(남자 친구 소개) 받을래? 여소(여자 친구 소개) 받을래?" 이런 것 하지 말라고 했잖아요? 그것을 바로 실천했어요. 아주 친한 남사친(남자 사람 친구)이 자기한테 "너 남소 받을래?" 했는데 매우 친해서 거절하기가 어려웠지만, 설교 때문에 힘이 나서 과감히 거절했다고 합니다.

목사님은 하나님의 말씀을 이야기합니다. 이 시대가 뭐라고 하건 말건 그것이 우리에게 중요하지 않습니다. 우리는 언제든지 절대 불변의 진리인 하나님 말씀대로 살아가야 합니다.

그렇다면, 오늘은 정말 성관계에 대해서 성경이 뭐라고 말하는지 지난주보다 조금 더 구체적으로 보겠습니다.

성경은 창세기의 시작과 함께 성관계에 관해서 이야기하고 있습니다. 지난주에 설명했지만, 창세기 2장 24절에서 "한 몸을 이룰지로다" 하면서 남녀 간의 성관계를 아주 일찍부터 언급합니다. 그런데 창세기 2장 25절을 보면 끝에 이런 말씀이 나옵니다.

"두 사람이 벌거벗었으나 부끄러워하지 아니하니라"

남녀가, 다 큰 남녀가 옷을 벗고 있는데 서로 부끄러움이 전혀 없어요. 왜냐하면 둘이 결혼했기 때문에, 결혼 안에서 이루어진 성관계이기 때문에, 아무 거리낌이 없는 것입니다. 부부가 아닌 남녀가 성관계를 맺을 때, 남친(남자 친구)과 여친(여자 친구)이 성관계를 맺을 때, 공개적으로 할 수 있습니까?

"어머니, 저 오늘 여친이랑 모텔 다녀오게 돈 좀 주세요."

"아빠, 나 오늘 오빠랑 불금(불타는 금요일) 보내고 싶은데 10만 원만 주면 안 돼?"

이렇게 말하는 것이 가능할까요? 아무리 사회가 개방적이어도 못 합니다.

하나님은 인간을 사랑하셔서 성을 만드셨습니다. 성이라는 것은 하나님의 작품이고, 하나님이 주신 복입니다. 하나님이 인간에게 성을 주신 목적이 있습니다.

첫 번째, 생육하고 번성하라고 주셨습니다. 창세기 1장 27-28절을 읽어 봅시다.

"남자와 여자를 창조하시고 하나님이 그들에게 복을 주시며 하나님이 그들에게 이르시되 생육하고 번성하여 땅에 충만하라"

성을 만드신 첫 번째 이유는 생육하고 번성하게 하기 위함입니다. 후대를 만들기 위해서입니다. 그러나 미성년자들의 성관계나 20대, 30대 미혼들의 성관계는 이것과는 거리가 멉니다. 충격적인 자료인데, 여중생, 여고생 중에 성관계 경험이 있는 친구들의 81%가 낙태 경험이 있다고 합니다. 안타깝게도 제가 아는 학생 중에도 있습니다.
　여러분 나이에 하는 성관계는 생육하고 번성하는 길보다 평생의 상처와 아픔의 길을 만들어 냅니다. 즐기기 위한 그 행위가 얼마나 비성경적인지 우리가 철저히 알 수 있죠.
　우리나라는 OECD 국가 중에서 출산율이 가장 낮습니다. 인구가 계속 줄어드니까 이제는 교대를 나와도 바로 교사 임용이 되지 않습니다. 아주 심각한 사회 문제입니다.
　하나님은 결혼해서 생육하고 번성하라고 말씀하셨습니다. 아이를 낳아야 합니다. 참, 이 말씀이 목사님에게 늘 부담이었습니다. 아이를

1명밖에 안 낳아서 늘 하나님께 죄송한 마음이었는데, 최근에 막내가 생겼다는 충격적인(?) 이야기를 들었습니다. 이제 하나님께는 덜 죄송스러우나, 그 아이가 태어나고 잘 자라서 중학생이 되면 우리 부부는 환갑입니다.

두 번째, 성관계를 통해서 부부간의 기쁨과 즐거움을 주셨습니다. 잠언 5장 18절은 "네가 젊어서 취한 아내를 즐거워하라"고 합니다. 부부간의 성관계로 마음껏 기뻐하고 즐거워하라! 이것이 하나님의 말씀입니다.

세 번째, 음행을 방지하기 위해서 성을 주셨습니다. 고린도전서 7장 2절은 "음행을 피하기 위하여 남자마다 자기 아내를 두고 여자마다 자기 남편을 두라"고 말합니다. 고린도 지역은 음란했던 지역입니다. 아프로디테와 아폴로 신전 외에도 10개 이상의 신전이 있었고, 신전에서 온갖 음란한 행동이 발생했습니다. 그들은 이교도 제사에 참석하면서, 거기서 여인들과 성관계를 맺었습니다.

여러분, 아마도 주변 친구들한테 영향을 많이 받을 것입니다. 친구들이 다 성관계를 맺으면 '나도 맺어야지' 이런 생각을 하게 될지 모릅니다. 아까 설교 초반의 그 여학생, 자기 주변 친구들이 다 성관계를 맺고 있대요. 그러니까 '이런 행위가 왜 문제일까?' 그렇게 생각하고 살 수 있는 거예요.

고린도가 그런 지역이었습니다. 다들 음란한 행위를 하고 다녀요.

그러니까 교회를 다니는 사람들도 영향을 받았어요. 이때 바울이 이렇게 말합니다. "몰래 음성적으로 피차 나쁜 짓 하지 말고 그럴 거면 그냥, 결혼을 해라!"

예전에 어떤 젊은 부부의 이야기를 들었습니다. 나이가 무척 어려요. 22인가, 23이었요. 결혼을 20살 때 했습니다. 왜 이렇게 결혼을 빨리했냐고 물어봤는데, 서로 너무 좋아해서 하루라도 안 보고 살 수 없어서 결혼했다고 합니다. 쉽게 말하면, 남자 친구는 성적 욕망이 너무 컸다는 겁니다. 사랑하고 좋아하니까요. 주변에 친구들은 다 성관계를 맺고 있는데, 여자친구는 절대 안 된다고 했대요. 그래서 빨리 결혼했다고 합니다.

남학생들의 경우 고등학생이 되고, 대학생이 되면 성적인 욕구가 무척 강해집니다. 남성 호르몬인 테스토스테론의 영향으로 인해서 지나가는 여자만 봐도 시선이 따라가고, '여자 친구 사귀면 바로 내가 어떻게 해 봐야지' 하는 이런 마음이 무척 커집니다. 그래서 결국 자기 절제와 통제에 실패해서 성범죄를 일으키는 경우가 있습니다. 성적인 욕구를 다스리는 방법 중 하나는 결혼을 일찍 하는 것입니다.

마지막으로 성경이 왜 그토록 우리에게 결혼하기 전까지 성관계를 하지 말라고 했는지 보겠습니다. 성적인 죄와 일반 죄의 차이점이 있습니다. 고린도전서 6장 18절을 읽어 봅시다.

"음행을 피하라 사람이 범하는 죄마다 몸 밖에 있거니와 음행하는 자는 자기 몸에 죄를 범하느니라"

보통 우리의 죄는 몸 밖에서 이뤄집니다. 누구를 때리거나, 죽이거나, 다 내 몸 밖에서 일어나는 일입니다. 그러나 성적인 죄는 자신의 몸으로 짓는 죄입니다. 그래서 심각해요. 고린도전서 6장 19절이 "너희 몸은 너희가 하나님께로부터 받은 바 너희 가운데 계신 성령의 전인 줄을 알지 못하느냐 너희는 너희 자신의 것이 아니라"라고 말하고 있어요.

우리는 내 몸이 내 것이라고 착각합니다. "내가 내 것으로 성관계를 맺든 무엇을 하든 뭐가 문제입니까? 내 자유입니다!" 이렇게 이야기합니다. 그러나 성경은 확실히 말합니다. "너희 몸이 너희 것일까? 아니야. 내 것이야." 예수님이 죽으심으로 우리 몸을 예수님의 것으로 만드셨습니다. 그리고 이제 내 안에 하나님의 영이신 성령님이 계십니다. 그러면 이 몸은 하나님의 것입니다.

하나님은 하나님의 몸이 쾌락의 도구로 사용이 되는 것을 참지 못하십니다. "왜 너희들 내 몸 가지고 마음대로 사니?", "이 몸을 가지고 너희는 하나님께 영광을 돌려야 하는데, 왜 맨날 죄짓고 사니?"

그래서 교회에서 보면, 성관계를 맺고 난 이후 급속도로 신앙이 떨어지는 형제, 자매들이 있습니다. 그렇게 열심히 섬기고, 그렇게 하나님만 찾았던 그 친구가, 어느 순간에 엉망이 되어갑니다. 회복이 잘 안 돼요. 다시 못 돌아오는 경우를 많이 봅니다. 왜 그럴까요? 하나님의 몸을 망가뜨렸는데, 그게 잘 되겠습니까?

다윗이 성적인 죄를 범했죠? 남의 아내를 가로챘습니다. 그리고 그녀와 성관계를 맺었습니다. 그때 했던 기도가 무엇입니까?

"주의 성령을 내게서 거두지 마소서. 하나님 제 안에서 떠나가시면 안 됩니다. 저를 용서하시고, 정결한 마음을 주옵소서!"

혹시라도 여러분 가운데, 지금 남친 여친과 성관계를 맺고 있는 친구들이 있습니까? 그것은 하나님 앞에서 죄입니다. 범죄 행위를 하고 있는 것입니다. 빨리 그 관계를 끊으세요! 회개하세요! 그리고 하나님 앞에 바로 서길 바랍니다.

지금 남친이 끊임없이 성관계를 요구해 온다면, 그 남자 사귀지 마세요! 세상에 말씀으로 바로 서 있고, 하나님이 원하시는 대로 살길 원하는 남자 많이 있습니다. 좋은 친구 많습니다.

과거에 이런 경험이 있었던 친구들이 있습니까? 철저히 하나님 앞에서 회개하시길 바랍니다. 중요한 것은 과거가 아닙니다. 과거에 이런 경험이 있다고 내가 쓰레기가 된 것이 절대 아닙니다. 사람은 누구나 실수할 수 있어요. 이제, 앞으로 하지 않으면 됩니다. 하나님 앞에 바로 서 있으면 됩니다.

그리고 여러분들 가운데, 나는 남친도 없고 여친도 없고, 교회에서 봉사도 열심히 잘하니까, 문제가 없다고 자부하는 친구들 있습니까? 순결은 절대 자연스럽게 되는 것이 아닙니다. 남친, 여친 생겨 보세요. 이런 유혹이 여러분에게 안 찾아오는지! 반드시 찾아옵니다.

미국은 연간 75만 명의 청소년이 임신합니다. 그중에 기독교인이 없을까요? 그중에 교회 찬양팀 섬기는 친구가 없을까요? 다 있습니다. 무심결에 넘어가는 것입니다.

가장 좋은 방법은 믿음의 친구를 많이 사귀는 것입니다. 그리고 믿음의 선후배들을 만드는 것입니다. 성에 관한 이야기를 터놓고 할 수 있는 상대가 있어야 합니다. 그리고 수시로 내 죄를 이야기하고, 고백하고, 나눌 수 있는 상대가 있어야 합니다.

혹시라도 유혹이 찾아올 때, 혼자 힘으로 이기려고 하지 마세요. 절대로 못 이깁니다. 목사님께 상담하세요. 선생님들, 좋은 믿음의 선배들을 찾아가서 함께 이야기하세요! 어른의 도움이 필요합니다.

"순결? 지금이 조선 시대니? 괜찮아. 다 해. 다 이런 경험 거치고 나중에 결혼하는 거야." 사탄은 끊임없이 우리를 유혹합니다. 여러분 자신의 힘으로는 절대 못 이깁니다. 그래서 하나님을 찾고, 하나님께 계속 도움을 구해야 합니다. 그렇게 믿음으로 나아가면 충분히 이길 수 있습니다. 믿음으로 승리하는 모두가 되길 소망합니다.

고린도후서 강해 설교 "너희는 믿음 안에 있는가?"

고후 13:1-5

1 내가 이제 세 번째 너희에게 가리니 두세 증인의 입으로 말마다 확정하리라
2 내가 이미 말하였거니와 지금 떠나 있으나 두 번째 대면하였을 때와 같이 전에 죄지은 자들과 그 남은 모든 사람에게 미리 말하노니 내가 다시 가면 용서하지 아니하리라
3 이는 그리스도께서 내 안에서 말씀하시는 증거를 너희가 구함이니 그는 너희에게 대하여 약하지 않고 도리어 너희 안에서 강하시니라
4 그리스도께서 약하심으로 십자가에 못 박히셨으나 하나님의 능력으로 살아 계시니 우리도 그 안에서 약하나 너희에게 대하여 하나님의 능력으로 그와 함께 살리라
5 너희는 믿음 안에 있는가 너희 자신을 시험하고 너희 자신을 확증하라 예수 그리스도께서 너희 안에 계신 줄을 너희가 스스로 알지 못하느냐 그렇지 않으면 너희는 버림받은 자니라

* 설교자가 과자로 만든 대형 가방을 어깨에 메고 등장한다.

무거운 가방을 메고 등장하니, 몸이 참 무겁네요. 혹시 이 가방을 갖고 싶은 친구가 있나요? 손을 든 친구가 너무 많아서, 퀴즈를 하나 내겠습니다.

목사님의 지금 모습을 보고 떠오르는 인물을 맞춰 보세요. 힌트는 우리가 얼마 전에 단체로 본 영화 속에 있습니다. 네, 맞습니다. 정답은 천로역정의 주인공 '크리스천'입니다. 맞춘 친구에게 이 과자 백팩을 선물로 드리겠습니다.

오늘 설교 제목이 "너희는 믿음 안에 있는가?"인데, 우리가 지난주에 단체 상영한 천로여정의 스토리와 상당히 비슷합니다.
천로역정을 보면, 크리스천이라는 주인공에게 하나님의 음성이 들려옵니다. 그 도시를 떠나라는 소리였습니다. 그 도시는 너무 타락해서 곧 멸망할 것이기 때문에 떠나라고 하셨습니다. 도시가 너무나 타락했다는 것입니다. 그래서 결국 크리스천은 그 도시를 떠납니다.

오늘 말씀의 배경이 되는 '고린도'라는 도시입니다. 지금 그리스 땅에 있는데, 이 도시는 성적으로 매우 타락했던 도시입니다. 요즘 시대에만 성적으로 타락하는 것이 아니라, 성적 타락은 고대 때부터 있었어요. 당시에 "고린도 여자"라는 말은 '창녀'를 가리키는 말이었고, "고린도인이 된다"라는 말은 '방종한 생활을 한다'는 것을 의미할 정도였습니다. 고린도 시의 높은 곳에 세워진 아프로디테 신전에는 1,000명이나 되는 신전 창녀가 거주하기도 했습니다.
고린도는 이렇게나 타락한 도시였습니다. 문제는 이런 타락한 성적인 문화가 교회까지 들어왔다는 거예요. 교회의 사명은 세상을 변혁시키는 것인데, 그러기는 고사하고 오히려 교회가 안 좋은 영향을 받았어요. 우리가 영적으로 깨어있지 않으면, 교회가 세상의 문화와 흐름에 그냥 넘어갑니다.

  고린도 교회에는 죄의 문제가 남아 있었습니다. 사람들이 끊임없이 다양한 죄를 짓고 있어서, 정말 죄가 많았습니다. 이것을 어떻게 해야 할까요? 우리 공동체 안에 죄가 있습니다. 이것 어떻게 해야 할까요? 죄는 없애야 합니다. 그러지 못하면 공동체는 죽게 됩니다.

  요즘 SNS로 들어오는 상담 요청의 내용이 매우 심각합니다.

  최근에 상담 요청이 온 내용은 17살짜리 고1 학생이 25살 교회 오빠랑 사귀고 있다는 내용이었습니다. 중3 때부터 사귀었는데, 성관계를 맺으면서 교제하고 있어요. 이런 사실을 부모님도 모르고, 교회 선생님도 아무도 모르고 있습니다.

  지난주 상담에서 "저는 언니 남편을 좋아해요"라는 말도 들었습니다. 엄청난 충격이었습니다. 이분도 교회를 다니는 분인데, 형부와 사랑에 빠져서 둘이 이미 성적인 관계를 맺고 있습니다.

  여러분, 이런 입에 담기 힘든 내용이 전부 다 지금 교회 안에서 벌어지고 있습니다. 우리 교회에 다니는 사람들은 아니지만, 이들은 저를 "목사님"이라고 부르면서 먼저 카톡을 보내옵니다. 이런 성적인 문제가 교회에서 발생했는데, 어떻게 하면 좋을까요? 교회에서 누가 문제를 저질렀을 때, 그 문제를 해결하기 위해서 죄를 지적하고 징계를 내리면 보통은 "교회에 사랑이 없다"라고 이야기합니다.

  지금 바울은 고린도 교회에 3번째 방문을 계획하고 있습니다. 그런데, 고린도 교회는 여전히 죄를 짓고 있어요. 그렇게 경고하고 혼냈는데도 바뀌지 않아요. 이번에 바울이 뭐라고 하는 줄 아세요? 2절을 봅니다.

"내가 다시 가면 용서하지 아니하리라."

"이번에 갈 때도 그러고 있으면, 회개하지 않고 있으면, 그냥 안 둘 거야"라고 말하는 거예요. 무섭죠? 우리가 죄에 대해서는 무서워할 필요가 있어요.

바울은 성도들에게 한없이 좋은 목회자였어요. 사랑이 많은 분이었습니다. 그런데 죄의 문제에 대해서는 단호하고 무서웠어요. 교회에 사랑이 넘쳐야 합니다. 그런데 죄의 문제에 있어서는 단호해야 합니다. 하나님이 죄를 가장 싫어하시기 때문입니다.

따라서 사랑이 많은 바울이었지만, 고린도 교회의 죄의 문제를 그냥 넘기지 않았습니다. 과감하게 해결하려고 했습니다. 바울은 지금 고린도 교회를 진단하고 있습니다. '왜 그토록 교인들이 죄를 지을까?' 바울이 진단한 결론은 성도들의 믿음에 문제가 있다는 것이었습니다.

4절에 보니까요. 예수님은 십자가에서 죽으셨고, 그다음에 하나님의 능력 가운데 부활하셨습니다. 그리고 그 십자가의 죽으심과 부활을 믿는 사람이 바로 당신들이라면, 당신들은 하나님의 능력으로 예수님과 함께 사는 것이 맞다고 말합니다.

여러분은 지금 어떻게 살고 있나요? 오늘 설교 내용은 우리가 예수님을 믿으면 한 번도 죄 안 짓고, 항상 선하게 살 수 있다는 것이 아닙니다. 누구나 실수할 수 있어요. 넘어질 수 있어요. 여러분이 실수로 죄를 지을 수 있어요. 나쁜 짓 할 수 있어요. 목사님을 포함해서, 모든 선생님도 마찬가지입니다.

그런데 우리 죄를 위해서 십자가에 죽으신 예수 그리스도의 죽으심을 믿는 사람은, 하나님의 능력이 우리 안에 있기에 처절하게 회개하고 다시는 그 죄악 속에서 살지 않습니다. 하나님이 내 안에 살아 계시는데, 하나님의 능력이 내 안에 머무는데 어떻게 그렇게 삽니까? 절대로 그렇게 살지 못한다는 것이죠. 이게 바른 믿음의 삶입니다.

그러면서 이렇게 묻습니다. 5절입니다. "너희는 믿음 안에 있는가?" "너희들은 믿음 안에 살고 있냐? 믿음이 너희를 지배하고 있느냐? 너희들이 믿음 안에 있는지 없는지는 시험해 볼 수 있다." 우리 안에 믿음이 있는지 그냥 알 수 없어요. 반드시 시험이 필요합니다. 시험을 통해서 알 수 있습니다.

교회에서 예배 시간에 연주할 드러머를 뽑습니다. 어떤 친구가 드럼을 정말 잘 친다고 합니다. 세상에서 자기보다 잘 치는 사람이 없다고 합니다. 그렇다면, 이 친구의 실력이 무엇으로 증명되어야 하나요? 시험입니다. 오디션을 통과해야죠. 그런데 말로는 자기 실력이 뛰어나다고 하면서 절대로 오디션을 보지 않습니다. 그러면 이 친구의 실력을 어떻게 확인합니까? 확인 할 수 없습니다.

믿음은 말로 확인할 수 없습니다. 아무리 말로 믿음 좋다고 해 봤자 소용이 없어요. 그 사람이 믿음 안에 있는지 반드시 시험을 해 봐야 합니다.

5절에 어떻게 시험을 할 수 있는지, 헬라어 동사 3개가 나옵니다.

1. 시험하라! (헬라어 페리파조, 영어 test)

첫 번째 나오는 단어가 '시험하라'입니다. 너희들이 믿음 안에 있는지 시험을 해 보라는 말입니다. 너희 믿음이 진짜인지 가짜인지 확인하는 절차가 꼭 필요하다는 말입니다. 예를 들면, 고3은 매달 모의고사를 보고 자신의 점수를 알게 됩니다. 테스트를 해 보면 자신의 상태를 알게 됩니다. 사람은 시험을 봐야지만, 자신의 상태를 정확히 알 수 있습니다.

그렇다면, 우리 믿음에 있어서는 어떠한 시험이 필요할까요? 이 시험과 관련해서 2가지 질문이 필요합니다. 첫째로 '어떻게 죄와 싸움하고 있느냐?'라는 질문입니다. 다른 말로, '지금 죄를 이기고 있느냐?'죠. 믿음이 있으면 죄와 싸우는 연습이 필요합니다. 물론 싸움이라는 것이 운동 시합처럼 항상 이기는 것은 아닙니다. 그래도 그 싸움을 하고 있습니까? 기억하세요? 한 주간 어떻게 죄와 싸웠는지?

둘째로 '삶에 하나님의 능력이 나타나고 있느냐?'라는 질문입니다. 다른 말로 '말씀의 능력을 체험하고 있느냐?'입니다. 여러분은 지금 살아 계신 하나님을 체험하고 있습니까? 기도 생활하면서 응답받고 있습니까? 반드시 이 체험이 필요합니다. 이런 체험이 없으면 여러분은 시험에서 탈락한 것입니다.

2. 확증하라! (헬라어 도키마조, 영어 examine)

여기 확증이라는 헬라어의 단어도 원래 뜻은 앞의 '시험하라'와 비슷합니다. 이 단어를 조금 구체적으로 설명하면, '증명하라, 증거로 보여라, 분별하라, 검사하라 조사하라'라는 뜻입니다. 또한, '얼마나 지금 구분된 삶을 살고 있는지 너희 자신을 조사해 보라' 이렇게도 해석할 수 있습니다.

이 구절은 믿지 않는 자와 삶에 차별화가 이뤄지고 있느냐를 묻고 있습니다. 여러분이 교회에 다니고 있는지 안 다니고 있는지, 기도와 말씀 생활을 하고 있는지 안 하고 있는지 묻는 것이 아닙니다. 삶 속에서 믿지 않는 자와 차이가 있느냐를 묻고 있습니다.

특히 죄의 문제가 발생했을 때, 어떻게 하느냐고 묻고 있습니다. '똑같이 욕하고, 똑같이 음란하고, 똑같이 술 마시고, 똑같이 이기적이고, 똑같이 죄짓고 있지 않으냐?' 전체적으로 자신을 한번 검사해 보라는 것입니다.

영국의 감리교 창시자 존 웨슬리는 "나는 하루에 세 번씩 나 자신에게 질문한다. 아침에는 내가 오늘 아침에 무슨 선한 일을 할까 질문하고, 점심에는 내가 정오에 무슨 선한 일을 할까 질문하고, 저녁에는 내가 오늘 무슨 선한 일을 행하였는가 질문한다"라고 말했습니다.

그런 질문을 하면서 '내가 예수님을 믿는 사람으로서 다르게 살고 있는가?', '나는 어떻게 다르게 살고 있는가?' 고민해야 합니다. 여러분, 살아가면서 고민하고 있나요? 나는 오늘 어떻게 예수 믿는 사람으로 살고 있는가, 고민하라고요!

3. 알지 못하느냐? (헬라어 에피기노스코, 영어 recognize)

바울은 "예수 그리스도께서 너희 안에 계신 줄을 너희가 스스로 알지 못하느냐?"고 질문합니다. '알지 못하느냐'는 '인식하라'는 뜻입니다. '예수 그리스도가 너희 안에 있는 것을 인식하느냐?'라고 물어보는 것입니다.

매일 예배를 통해서, 기도를 통해서, 말씀을 통해서 확인해야 할 것은 '오늘도 예수님이 내 안에 계시는가'입니다. 우리는 이것을 반드시 체크해야 해요.

왜, 이것이 중요할까요? 바울이 질문해요. "너희는 믿음이 있는가?" 앞에 3가지를 잘하고 있지 못하면, 믿음 있는 삶이 없으면, 믿음이 없는 것입니다. 문제는 이런 믿음이 없는 사람에게 "너희는 버림받은 자니라"라고 합니다. 바로 무자격자라는 뜻입니다. 하나님의 자녀로 인식이 되지 않는 자입니다. 시험에서 떨어지는 자입니다. 버림받은 자입니다. 결국 하나님의 자녀가 아닙니다.

오늘 말씀은 믿음이 없으면 당신들은 가짜라고 말합니다. 천국 백성이 아니라는 것입니다. 결코 구원을 얻을 수 있는 상태라고 말하고 있습니다. 오늘 우리에게 아주 무서운 말을 하고 있어요!

여러분은 믿음이 있습니까? 그 믿음을 보여줄 수 있습니까? 증명할 수 있어요? 없으면 하나님의 자녀가 아닙니다. 구원? 천국? 약속 못 해요!

　목사님은 지난 한 주, 선교사 자녀들이 모이는 수련회에서 6번 설교하고 왔습니다. 36개국에서 100명이 선발되어 왔어요. 선교사 자녀들은 처음 보는데 그냥 눈물만 나오더라고요. 짠해요. 그 친구들은 어렸을 때 부모님의 결단에 의해서 선교지로 가게 되었습니다. 보통 못 사는 나라들로 갑니다. 이번에도 보니까 탄자니아, 필리핀, 우즈베키스탄, 키르기스스탄, 파푸아뉴기니, 네팔, 인도 출신이 많아요. 자기의 의지와 상관없이 그런 나라에서 자라고 있습니다.

　어릴 때는 부모님과 같이 살다가, 상급 학교에 진학하면서 부모님과 떨어지게 됩니다. 대도시나 다른 나라에서 생활합니다. 부모님은 방학 때 정도만 볼 수 있습니다. 또한 선교사님들은 교회의 후원 헌금으로 생활하기 때문에 경제적으로 어렵습니다. 그러니까 이 친구들도 어려운 환경에서 공부하고 있는 것입니다. 이 친구들이 1년 만에 한국에 나왔어요. 서로를 보고 아주 행복해하고 즐거워했습니다.

　제가 놀란 것은 이 친구들에게는 믿음이 있어요. 눈빛이 달라요. 이제 고1밖에 안 된 친구가 부모님을 도와서 탈북자 선교를 합니다. 이미 이 친구는 결단했습니다. 졸업 후 미국 신학대학교에 진학해서 아버지의 탈북 선교를 돕겠다고 합니다. 또 어떤 친구는 부모님이 아프리카 오지에서 선교 사역을 하는데, 자신도 부모님을 따라서 그 일을 하겠다고 합니다.

이번 캠프에 온 선교사 자녀 중 절반이 선교사를 하겠다고 했습니다. 영혼들을 건져야 한다는 마음이 아주 컸습니다. 제가 그들에게서 본 것은 하나님을 향한 진실한 믿음이었습니다.

여러분, 믿음이 있습니까? 그렇다면, 어떻게 살고 있습니까? 오늘 이 시간에 우리에게 참된 믿음을 달라고 간절히 기도합시다.

신앙의 코어 시리즈 1 "이렇게 예배하는 자들"

요 4:23-24

23 아버지께 참되게 예배하는 자들은 영과 진리로 예배할 때가 오나니 곧 이 때라 아버지께서는 자기에게 이렇게 예배하는 자들을 찾으시느니라
24 하나님은 영이시니 예배하는 자가 영과 진리로 예배할지니라

여러분, 오늘 우리가 교회에 온 이유는 예배하기 위해서입니다. 그렇다면 여러분, 예배가 무엇인지 알고 있나요?

1. 예배란 무엇인가?

사전에 보면 예배의 문자적 뜻이 나와 있습니다. "예를 갖춰서 경배하다." 그러면, 예를 갖춰서 경배한다는 것이 어떤 의미일까요?

* 부장 집사님이 등장한다.

이 시간에 한 분을 소개합니다. 우리 부장 집사님이십니다. 우리 부장 집사님은 참 잘생기셨고, 훌륭하시고, 진짜 선생님 중에 선생님입니다. 보통의 학교 선생님들과 큰 차이를 보이시는데요. 아이들을 진심으로 사랑하며, 진심으로 헌신하시는 분입니다. 자기 돈을 들여서 학생들을 먹이고, 챙기고, 햄버거도 사주고 이런 쌤(선생님)이 없어요. 믿음도 좋고, 청소년부를 위해서 얼마나 헌신적으로 일하시는지 모릅니다. 제가 음료수 하나 준비했는데, 드세요. 그리고 피곤하실 텐데 어깨를 안마해 드리겠습니다.

여러분, 지금 목사님이 한 것이 예배입니다. 부장 집사님을 높여 주는데, 최고로 높여 주고, 그를 알리고, 그에게 서비스를 하고, 그에게 최선을 다하는 것, 이것이 예배예요. 우리가 예배드릴 대상은 하나님이죠? 그러면 그 하나님께 이렇게 하면 됩니다.

예배가 영어로 Worship입니다. 이 단어는 앵글로색슨어인 woethscipe에서 유래되었습니다. worth(가치)+ship(신분)이 합쳐진 말로 "가치를 어떠한 대상에게 돌린다"라는 뜻입니다. 쉽게 말하면, '최고의 가치를 하나님께 올려 드리는 것'이 예배입니다. 최고의 하나님께 최고의 것을 올려 드리는 것이 예배입니다.

그렇다면, 여러분에게 질문할게요. 여러분은 매주 최고의 가치로 하나님께 예배드리고 있나요?

최고 가치는커녕, 대부분 형식적으로 예배드릴 것입니다. 안 오면 안 되니까, 혼나니까, 어쩔 수 없이 오는 친구들 있죠? 부모님께 교회 간다고 말하고 피시방에 가고, 담임 선생님한테 다음 주에 교회 갈 테니까 부모님께 제발 왔다고 거짓말해 달라는 친구도 있을 것입니다.

최근에 있었던 일입니다. 스타벅스에서 커피를 마시고 스티커를 몇 장 적립하면, 3만 2천 원짜리 다이어리를 줬습니다. 그런데 이번에 준비한 다이어리가 금방 다 떨어져서 추가 생산한 다이어리가 매일 아침 조금씩만 매장에 들어 오게 된 거예요. 희귀 아이템이 된 것이죠. 그래서 아침 9시에 스타벅스 열기 전부터 사람들이 줄 서 있는 모습을 보았습니다. 그것 하나 받으려고요. 저도 거기에 줄 서 있었어요.

또, 질문할게요. 3만 2천 원짜리 다이어리가 가치 있나요? 하나님이 가치 있나요? 요즘 우리가 예배드리는 모습을 보면 하나님이 3만 원짜리 다이어리보다 못합니다. 지각을 상습적으로 합니다. 늦게 오는 친구들을 자세히 보면, 어쩌다 늦게 오는 게 아니라 매주 늦게 옵니다. 이것은 전혀 하나님을 가치 있는 존재라고 여기지 않는 태도입니다. 하나님이 보이지 않아서 그렇지, 무시하고 있는 모습이죠.

예배가 시작하면 예배 견디기에 들어갑니다. 우리의 소원은 딱 한 가지, '빨리 끝나기'입니다. 우리의 태도를 보면, 멍때리거나 딴생각을 많이 합니다. 심심하면 주보를 보면서 오타를 찾습니다. 또 옆 친구와 장난하면서 예배 시간을 때우고 있습니다. 매주 이렇게 예배드리면서도 우리는 아무렇지 않게 생각합니다. 이게 형식주의 예배라는 것입니다.

2. 나는 형식주의 예배자가 아닌가?

형식주의 예배가 얼마나 무서운지 아나요? 성경에 등장하는 첫 번째 예배의 기록은 최초의 인간인 아담의 두 아들, 가인과 아벨의 예배입니다. 창세기 4장에 등장하는데, 이야기의 결론은 다 아실 거예요. 하나님이 가인의 예배는 받지 않으시고, 아벨의 예배만 받으십니다.

거기에는 여러 가지 이유가 있는데, 영어 성경 NIV를 보면 아주 간단하면서 정확한 해석이 나와 있어요. 가인은 땅의 소산으로 하나님께 드리는데 영어 성경에 "some of the fruits of the soil" 땅의 과일의 어떤 것들이라고 나옵니다. 여기서 주목해야 할 단어는 'some'입니다. 불특정 다수를 뜻하는 말입니다.

우리 친구들 가운데 썸타는 친구들이 있을 것입니다. 수련회에서 조 편성을 했는데 내가 썸타는 썸녀랑 같은 조가 된 거예요. 그러면 너무 좋겠죠? 그런데 썸을 타는데, 1년째 썸, 2년째 썸, 이게 의미가 있나요? 아무 의미가 없죠. 썸은 누구나와 탈 수 있는 거예요. 아무리 많은 사람과 썸을 타더라도 특별히 문제 될 것이 없습니다.

가인은 하나님께 썸을 드렸습니다. 대충 드렸어요. 아무것이나. 불특정 다수를요.

아벨의 제물을 보면, "양의 첫 새끼와 기름으로"라고 합니다. 첫 번째라는 말에 집중해야 합니다. 이것은 우선순위를 뜻합니다. 또한 가장 특별하다는 말이에요. 기름은 살찐 부위라는 뜻으로, fat라고 나와 있죠. 그러니까 아벨은 아무것이나 드린 것이 아니고 가장 특별하고 귀하고 소중한 것을 하나님께 드렸어요. 그러니까 하나님이 받으신 것입니다.

여러분은 예배드릴 때, some을 드립니까? special을 드립니까? 잘 보세요. 한 명의 예배는 안 받으셨습니다. 여러분이 매주 교회에 와서 예배를 드리더라도 하나님이 안 받으실 수 있습니다. 형식적으로 어쩔 수 없이 예배드린다면, 그 예배 절대로 안 받으세요. 상습적으로 지각하는 그 예배, 멍때리는 그 예배 안 받으십니다.

여러분, 학원에 다니죠? 한 달에 최소 수십만 원씩 부모님의 돈으로 학원에 가는데, 다닐수록 점수가 떨어집니다. 학원 다니는 의미가 없는데 그냥 다녀요. 그냥 매일 학교 가듯이 대충 갑니다. 그러면 그 돈이 얼마나 아깝나요.

지금 교회를 다니는데 이런 마음으로 다닙니다. 그러니까 지각해도 양심에 가책이 없고요, 남들 찬양할 때 가만히 있어도 부끄러움도 없고요. 멍때리고 있지만, 창피함이 없어요.

3. 어떻게 진짜 예배드릴 수 있을까?

그러면, 어떻게 스페셜하게 예배를 드려야 할까요? 이게 가장 중요하죠. 오늘 말씀 23절에 보면 "아버지께 참되게 예배하는 자들"이라고 나옵니다. 영어 성경에 보니까 "true worshipers" 진짜 예배자들로 나옵니다. 하나님은 이렇게, 바르고 참되게 진짜로 예배하는 자들을 기다리십니다. 실제로 23절 끝에 "이렇게 예배하는 자들을 찾으시느니라"라고 합니다.

왜 이렇게 진짜 예배자를 찾으실까요? 그만큼 진짜 예배자가 없기 때문입니다. 많은 사람이 예배를 진짜로 안 드리고 대충 드려요. 그래서 하나님 편에서 진짜로 예배드리는 사람이 참 귀하고 소중하다는 것입니다. 하나님이 그 사람을 기억하시고 복 주신다는 것입니다.

그러면, 예배할 때 어떻게 참되게 예배할 수 있을까요? 어떻게 진짜로 예배를 드릴까요? 오늘 본문의 배경을 보면, 한 여자가 등장합니다. 예수님과 예배에 관해서 대화를 나누는데, 이 여자는 예배는 장소가 중요하다고 생각했습니다. 여자는 "우리 사마리아 사람들은 사마리아 산에서 예배드리는데 당신들은 예루살렘에서 드리는 것이 진짜 예배라고 들었습니다"라고 합니다.

많은 사람이 '예배'하면 장소를 가장 먼저 떠올립니다. '아 예배는 이 정도 훌륭한 공간에서 드려야지'라는 생각을 할 수 있습니다. 예배하는 장소가 중요하다고 생각할 수 있습니다. 또, 우리는 일반적으로 좋은 예배를 드리기 위해서 좋은 찬양팀이 있어야 한다고 생각합니다. 뛰어난 예배 인도자, 싱어들, 악기팀이 반드시 있어야 한다고 생각합니다.

목사님이 가장 위험하게 생각하는 사람이 있습니다. 바로 무대에 올라오는 사람들입니다. 악기 연주자, 싱어들, 율동하는 친구들, 예배 인도자입니다. 여러분이 바르게 준비되지 않고, 한 주 동안 하나님께 영광스러운 삶을 살지 않고 이 앞에 올라오면, 예배 전체가 망가집니다. 매우 조심해야 합니다.

찬양팀, 장소, 이것이 중요하지 않다! 오늘 말씀은 이런 말을 하려는 것이 아닙니다. 진짜 예배 방식을 말합니다. 24절 같이 읽겠습니다.

"하나님은 영이시니 예배하는 자가 영과 진리로 예배할지니라"

우리의 예배를 받으시는 하나님은 눈에 보이지 않으시는 영적인 존

재입니다. 그 하나님이 원하시는 예배의 방식이 있는데, 그것이 바로 영과 진리로 예배하는 것입니다. 이 말은 좋은 장소, 좋은 찬양팀, 좋은 설교로 예배드려야 한다는 뜻이 아니에요.

오늘 말씀에 진짜 예배, 참된 예배에 필요한 것은 '영과 진리'라고 나와 있습니다. 여기서 영은 '성령'으로 번역이 가능합니다. 목사님은 이 단어를 '성령'으로 번역하는 것에 찬성합니다. 그러면 우선 1차적으로 우리가 드리는 예배는 성령 안에서 드리는 예배여야 진짜 예배라는 뜻입니다.

이 말은 보이지 않는 영으로 존재하시는 하나님의 영이신 성령님이 우리의 예배를 장악하고 계심을 뜻합니다. 여러분이 예배를 드릴 때 성령님의 임재를 경험하고 있습니다. '오늘 예배 가운데 성령님이 함께하고 계시는구나', '성령님이 이 예배를 이끌어 가고 계시는구나' 이런 체험이 필요합니다. 사람이 끌고 가는 예배가 아니라 성령님이 끌고 가시는 예배여야 합니다.

그런 성령님을 체험해야 합니다. 성령님은 예배 가운데 우리를 만지십니다. 예배드리기 전에 내 마음이 무척 울적하고, 힘들고, 실은 기말고사도 망쳤고, 이번 크리스마스를 같이 보낼 친구도 한 명 없고, 사는 게 재미없고, 아무 이유 없이 마음이 힘들었어도, 예배드리는 가운데 성령님이 내 마음을 만져 주십니다. 내 마음속을 터치하셔서 나도 모르게 예배에 깊이 빠지고, 나도 모르게 눈물이 나고, 나도 모르게 예배에 집중하게 됩니다.

또한, 내가 나쁜 짓을 많이 하고 살아왔는데, 성령님이 내 죄를 깨

닫게 하십니다. 성령 안에서 예배드린다는 것은 예배 시간에 나와 성령님의 교제가 이뤄지고 있다는 말입니다. 성령님이 나와 함께하심을 체험하고 있다는 것입니다. 이런 경험이 있나요? 이게 있어야 성령 안에서 드리는 예배입니다.

그리고 우리는 '진리 안에서' 예배해야 합니다. 진리에 대한 해석이 분분합니다. 요한복음 14장 6절에 "예수께서 이르시되 내가 곧 길이요 진리요 생명이니"라고 나와 있습니다. 누가 진리로 나와 있습니까? 예수님입니다. 여기서 진리는 예수님이라고 충분히 해석할 수 있고, 이게 옳다고 믿습니다.

우리가 성령 안에서 예배할 때, 그때 나타나는 재미난 현상이 있어요. 우리 안에 오직 한 분만 생각납니다. 바로 예수님이에요. 왜냐하면, 성령은 다른 말로 예수님의 영입니다. 성령님이 하시는 일은 자기를 감추고 예수님을 드러나게 하는 것입니다. 그래서 어떤 사람이 성령 충만하다면, 그 사람에게는 예수의 향기가 넘쳐 난다는 말입니다.

성령 안에서 예배할 때 예배하는 사람은 예수 안에서, 동시에 진리 안에서 예배하게 됩니다. 예배 자리 가운데 다른 것은 필요 없고 오직 예수 그리스도 한 분만 자리 잡게 됩니다. 예배가 끝나면 다른 것은 머릿속에 없어요, 오직 예수 그리스도, 나를 위해서 이 땅에 오셔서 나를 위해서 죽으신, 나를 가장 사랑하시는 그 예수님만 내 안에 남아 있습니다.

지금 우리에게 가장 중요한 것은 다른 것이 아닙니다. '어떻게 예배드리느냐'예요. 우리가 매일 체크해야 할 것이 무엇이냐면, 내가 성령과 진리이신 예수 그리스도 안에서 예배를 드리고 있느냐입니다. 이게 안 되면, 아무리 예배를 많이 드려도 소용이 없어요.

하나님은 오늘도 이렇게 예배하는 사람을 찾고 계십니다. 하나님 보시기에 가장 소중한 사람, 완소남(완전 소중한 남자), 완소녀(완전 소중한 여자)는 진정한 예배자, 진짜 제대로 예배드리는 사람입니다. 그 사람을 사랑하시고, 그 사람에게 복을 주시는 거예요.

그래서 여러분의 인생은, 한 번의 예배로 바뀔 수 있습니다. 김남준 목사님의 『예배의 감격에 빠져라』에 보면 이런 글이 나와 있어요.

"주일 예배 시간에 성령을 소멸치 말라는 목사님의 설교를 통해서 주님은 내가 처한 큰 위험과 예수 그리스도에 대한 절대적 필요성을 가르쳐 주셨습니다. 그리고 어제는 그러한 깨달음이 너무나 절실히 느껴져서 마음이 벅차올랐습니다. 나는 크게 부르짖을 수밖에 없었습니다. 좋으신 주님과의 소중한 사귐 없이는 더 이상 살 수가 없었습니다. 성경에 기록된 그 값비싼 진주를 손에 넣을 때까지, 나는 먹지도 마시지도 못하고 잠들 수도 없었습니다.

나는 죄에 대하여 충분히 슬퍼하지 않았거나 다른 사람들처럼 마음 아파하지 않은 것이 아닐까 하여 너무나 두려웠습니다. …… 아! 하지만 예수 그리스도께서는 내 소원대로 나를 기꺼이 받아 주시고 구원하시길 기뻐하신다는 사실을 믿게 해주셨습니다. …… 그분은 고통 가운데 십자가에 못 박히시고, 하나님의 진노의 불을 끄셨습니다. 그리고 이제는 수많은 성도들과 천사들로 둘러싸이신 채 당신의 나라에서 높임을 받으시고 모든 영광과 위엄으로 관 쓰신 것을 보았습니다. 아! 이 모든 것들은 나로 하여금 예수님을 말할 수 없으리만치 소중하고 사랑스러운 분으로 느끼게 하였습니다."

여러분, 이것 몇 살짜리가 쓴 글인 줄 아세요. 1749년 네덜란드에서 11살이 쓴 글입니다. 영과 진리로, 예배를 제대로 드린 아이에게서 이런 고백이 나온 것입니다. 여러분, 이제 우리의 예배가 달라져야 하지 않겠습니까? 형식으로만 드리지 맙시다. 우리 모두 하나님께 제대로 예배드리길 소망합니다.

에필로그

처음부터 잘하는 설교자는 없다

전도사로 처음 청소년 설교를 시작했을 때가 1998년입니다. 그 당시 저는 청소년 설교를 포함해서 설교에 대한 어떤 도서도 읽어 본 적 없는 학부 학생이었습니다. 사역 나가기 전에 교사로 섬겼던 교회에서 중등부 전도사님의 설교를 들어 본 것이 전부였죠. 아마도 그분의 설교를 샘플 삼아서 첫 설교를 준비했고, 이후 실전 등판을 한 듯합니다.

그 설교, 어땠냐고요? 기억이 잘 나지 않습니다. 저는 나쁜 기억은 빨리 지우는 편이기에, 기억이 안 난다는 것은 설교를 잘하진 못했다는 뜻이겠죠? 망친 첫 설교를 시작으로 계속 설교의 우여곡절을 겪었던 것 같습니다.

그때, 제 설교를 잡아주는 멘토나 길라잡이가 있었다면 얼마나 좋았을까 하는 생각이 듭니다. 무식하면 용감하다고 그냥 무에서 시작한 청소년 설교를 20년 넘게 해 오게 되었습니다.

제가 첫 번째 청소년 설교를 망쳤다고 계속 설교를 못했으리라 생각하지는 마십시오. 제 설교는 시간이 지나면서 다듬어졌습니다. 시간이 제법 흐른 뒤에는 매 주일 수백 명의 청소년이 손꼽아 기다리는 설교가 되었고, 학생들뿐 아니라 부모들도 찾는 설교가 되었습니다. 그리고 많은 교회와 기관, 단체에 초청을 받아서 수련회 강사로 섬기게 되었습니다. 그렇게 20년 넘게 청소년 설교를 했고, 나름 청소년 설교의 베테랑이 되었기에 이런 책도 저술하게 된 것입니다.

청소년 설교를 처음부터 잘하면 얼마나 좋겠냐마는, 잘하기까지 누구나 오랜 시간이 걸리는 듯합니다. 지금 여러분이 알고 있는 유명한 청소년 설교자 역시 처음부터 설교를 잘한 건 아니었을 것입니다. 어떤 설교자도 인고의 세월을 보냈으리라 생각합니다. 따라서 지금 청소년 설교로 고생하는 분께 가장 먼저 해 드릴 수 있는 말은 '시간이 많은 부분을 해결해 줄 것이다'라는 말입니다.

처음부터 설교를 못한다고 끝까지 못하리라는 법은 없습니다. 지금부터 다시 시작하는 마음을 가지고 청소년 설교를 찬찬히 배워가면, 반드시 설교가 향상되리라 확신합니다. 지금보다 조금만 더 노력하면, 조만간 교회 학생들이 매주 기다리는 설교를 하게 될 것입니다. 교회 선생님들과 부모님들이 당신의 설교를 애타게 찾는 일이 생길 것입니다.

이 세상에 처음부터 완성된 명 설교자는 없다고 생각합니다. 늘 사고의 폭을 넓게 열어 두면서 겸허히 설교를 배워가고, 누구보다 청소년을 사랑한다면, 반드시 좋은 설교자가 될 것입니다. 이 책을 읽은 당신이 좋은 설교자가 되어서 후배들에게 이런 책을 쓸 수 있는 날이 오길 학수고대합니다.

본 Q&A는 이정현 목사의 페이스북 계정과 다음 세대 사역자들이 모여 있는 SNS 계정에서 질문을 받아 작성했다. 청소년 사역 현장에 있는 설교자들을 대상으로 청소년 설교를 하면서 해결하지 못한 문제가 있는지 질문을 받았다. 그중 앞 내용에 포함되어 있지 않고 설교자들에게 유익이 될 만한 질문을 선별하여 답변으로 정리했다.

부록 1.

Q&A.
목사님, 청소년 설교가 궁금해요!

Q1 어떻게 하면, 복음의 본질을 훼손하지 않으면서 청소년들이 공감할 수 있는 유머나 예화를 적절히 사용할 수 있을까요?

시대가 변해도 결코 복음은 변할 수 없습니다. 만약에 설교자가 청소년들의 흥미를 이끌기 위해서 복음을 변질시킨다면, 그는 이미 설교자로서 실패했다고 할 수 있습니다. 그리고 복음을 유지한다는 명목으로 청소년들에게 전혀 들리지 않는 설교를 하고 있다면, 그 설교자 역시 실패한 설교자라고 봅니다.

복음의 핵심을 변질시키지 않으면서 청소년들의 공감을 이끌 수 있는 유머나 예화는 청소년들을 진심으로 사랑할 때 만들어집니다. 임의로 책 몇 권 보고, 인터넷 영상 몇 개 봤다고 만들어지는 것이 아닙니다. 청소년들을 꾸준히 만나고, 청소년들을 사랑하는 마음을 계속 키워 가면, 청소년 청중들이 반응할 만한 소스가 눈에 보이고, 설교에 필요한 적절한 양념을 찾을 수 있게 될 것입니다.

Q2 요즘 청소년들이 미디어의 영향을 많이 받아서 사고 능력이 떨어지고, 설교에 반응하지 않는 것 같습니다. 어떻게 하면 청소년들의 사고를 증대해서 설교에 대한 반응을 끌어낼 수 있을까요?

요즘 청소년들을 디지털 네이티브 세대라고 합니다. 태어날 때부터 미디어에 푹 빠져 있는 세대입니다. 그래서 독서량도 매우 부족하고, 문해력도 떨어집니다. 따라서 설교 시간에 어렵고 힘든 이야기를 하면, 이해도가 떨어질 수밖에 없습니다.

　우선은 이런 청소년들의 현실을 이해하면서 설교 준비를 하면 좋겠습니다. 그리고 교회에서 제자훈련을 통해 학생들에게 큐티와 독서를 훈련시키면 좋겠습니다. 하루아침에 변화되지는 않겠지만, 시간이 조금 흐르면 청소년들의 사고 깊이가 증대될 것입니다. 그렇게 되면, 깊이 있는 설교도 가능해지리라 생각합니다.

Q3 청소년 설교의 본질이 무엇이라고 생각하시나요?

　요한복음 21장에서 예수님이 베드로에 '네 양을 먹이라'고 하셨습니다. 저는 그게 설교라고 생각합니다. 청소년 설교의 본질이란, 청소년들에게 제대로 말씀을 먹이는 것이라고 생각합니다. 문제는 청소년들에게 말씀을 먹이는 일이 어려운 일이라는 것입니다. 장년을 대상으로 하는 설교에 비교하면, 매우 힘든 일입니다.

　때론 설교자가 좋은 메시지를 준비했다고 스스로 만족하는 경우가 있는데, 아무리 좋은 메시지를 준비했어도 청소년들이 그 메시지를 먹지 못하면 그 설교는 실패한 설교라고 봅니다. 청소년 설교자는 많은 준비를 통해서 양들이 반드시 말씀을 먹게끔 만들어야 합니다. 청소년들이 쉽게 말씀을 먹지 못하기 때문에, 여러 가지 방법론이 필요하고, 이런 책이 필요하다고 봅니다.

Q4 설교할 때 영상, 음향, 파워포인트와 같은 시청각 자료를 꼭 활용해야 할까요?

청소년들에게 설교할 때 시청각 자료를 활용하는 것은 조금 더 쉽게 설교를 이해할 수 있게 하기 위함입니다. 미디어는 오로지 청중의 이해를 돕기 위한 수단에 불과합니다. 미디어 자료 없이도 청소년들이 설교를 잘 듣는다면, 굳이 준비하지 않아도 됩니다.

진부하게 미디어를 계속 사용할 경우, 청소년들이 금방 싫증을 느껴서 미디어의 효과를 누리지 못할 수 있으니 주의해야 합니다.

 Q5 청소년들을 한 주에 한 번밖에 못 만나는데, 복음적 설교를 하는 게 좋을까요? 목양적 설교를 하는 게 좋을까요?

자주 만나지 못하는 청소년들에게 어떤 메시지를 전할지 결정하는 일은 매우 중요합니다. 사역자는 청소년들의 1년 학교 스케줄과 매달 활동 스케줄을 꿰고 있어야 합니다. 그리고 지금 청소년들의 상황에 맞는 메시지가 무엇인지 끊임없이 고민해야 합니다.

이런 고민을 계속하다 보면, 현재 상황에서 복음적 설교를 해야 하는지, 목양적 설교를 해야 하는지 그 타이밍을 알게 될 것입니다. 결국에는 청소년들 상황에 맞는 설교가 필요하다고 봅니다.

최근 미래 지향 교육은 일방적인 강의보다 쌍방 소통을 강조하는데, 일방적 소통의 설교 방식을 계속 고수해야 할까요?

전통적인 설교 방법은 '3인칭 네러티브'입니다. 설교자가 혼자서 본문을 설명하고, 설득하는 과정이 설교입니다. 그런데 미래 교육에서는 이런 방식을 지양하고 있습니다. 가능하다면 때로는 설교의 패턴을 달리하는 것도 필요하다고 생각합니다.

혼자서 스토리텔링을 이어가는 1인칭 네러티브 설교도 시도해 볼 수 있습니다. 설교에 학생들을 참여시켜서 함께할 수 있고, 때로는 질문을 던지면서 답변하게 하는 방법도 있습니다. 방법은 다양해도 설교의 본질인 '하나님의 말씀이 학생들에게 제대로 심기는 것'을 놓치지 않으면 된다고 생각합니다.

 청소년 설교의 목표를 기독교에 대한 흥미 유발, 성경의 지식 증대, 도덕적 교훈 중 어디에 초점을 맞추면 좋을까요?

청소년 설교의 목표는 하나님 말씀을 청소년들에게 먹이는 데 있습니다. 단, 대상에 따라서 먹는 음식은 다를 수 있습니다. 기독교 신앙이 부족한 학생들에게는 기독교에 대한 흥미를 주면서 따라오게 해야 합니다. 간혹 기독교 대학교에서 비신자를 대상으로 채플 설교를 할 때, 이렇게 접근합니다. 기독교에 대한 흥미 없이 말씀을 듣기 어렵기 때문입니다.

학생들에게 믿음의 기본이 있다면, 설교를 커리큘럼화 해서 하나님의 말씀을 골고루 먹이는 편이 좋습니다. 성경은 하나님에 대한 지식이기 때문에, 설교를 통해서 그 지식이 자라면 학생들이 하나님께 가까워질 것입니다.

그리고 설교를 하다 보면, 설교자는 성령의 음성을 듣게 됩니다. 특별히 우리 교회 청소년들을 향한 성령의 음성을 듣게 될 텐데, 그 음성에 따라서 청소년의 삶을 터치하는 메시지를 증거하면 됩니다. 그렇게 되면, 청소년들의 윤리적인 부분도 말씀을 통해서 건드릴 수 있습니다.

Q8 설교와 분반 공부 내용을 통일하는 것이 좋을까요?

이 부분은 교회의 상황에 맞춰가면 된다고 생각합니다. 어떻게 할 때, 학생들이 영적으로 성장할 수 있는지에 대해서 고민하고 결정하면 됩니다. 설교와 분반 공부의 일치가 학생들의 영적인 성장에 도움이 된다면 그렇게 하고, 따로 가는 것이 도움 된다고 생각하면 따로 하면 됩니다.

그런데, 주일 예배 시간과 분반 공부 시간이 너무 짧습니다. 이 짧은 시간에 두 개를 다 효과적으로 하기는 쉽지 않다고 봅니다. 저라면, 설교와 분반 공부의 주제를 통일시켜서 분반 공부 시간에 설교에서 들은 내용을 복습하며 적용 점을 찾게 하겠습니다.

본 설문 조사는 2022년 2월 3일부터 20일까지 이정현 목사의 페이스북과 카카오톡에서 온라인으로 진행했다. 설문에 참여한 대상은 중고등학생 209명과 청소년 사역자 112명이다. 설문에 참여한 사역자 중에 사역을 잘하는 분이 많아서, 설교를 듣는 학생들의 반응에 대한 응답이 다소 긍정적으로 나오지 않았나 생각해 본다.

부록 2.

청소년, 청소년 사역자 대상 「설교 설문 조사」 결과

청소년을 대상으로 조사한
청소년 설교에 대한 설문 조사 결과

참여자 : 중학생 111명, 고등학생 98명
남학생 101명, 여학생 108명

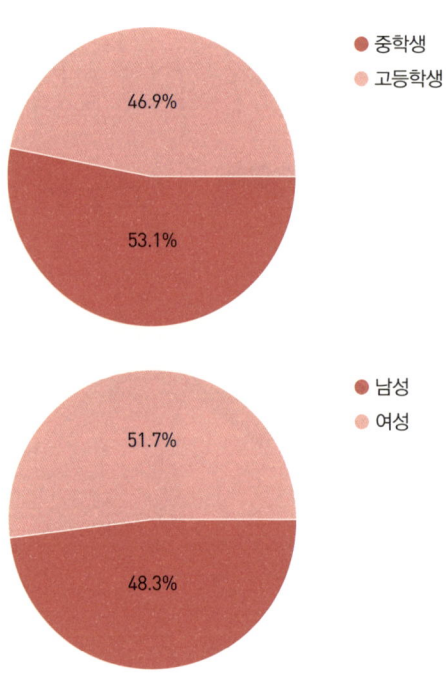

Q1. 청소년부 설교에 만족합니까?

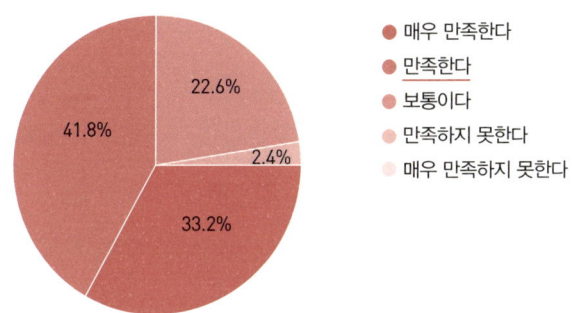

Q2. 청소년부 설교 시간의 길이가 어떻게 느껴집니까?

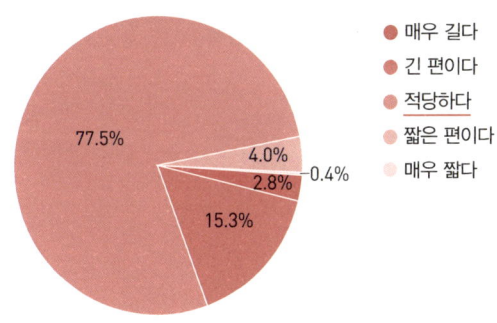

부록 2. 청소년, 청소년 사역자 대상 「설교 설문 조사」 결과

Q3. 우리 교회 청소년부 설교의 가장 큰 장점이 무엇이라고 생각합니까?

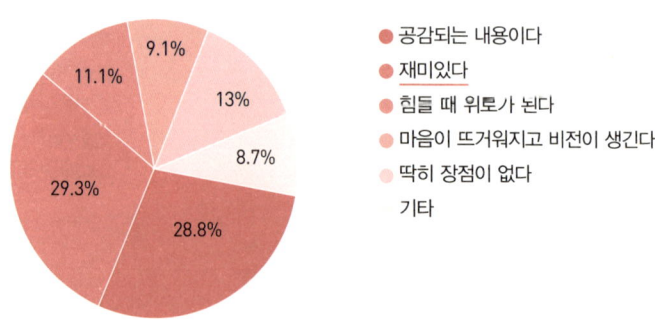

Q4. 설교자님 설교에 문제점이 있다면 무엇이라고 생각합니까?

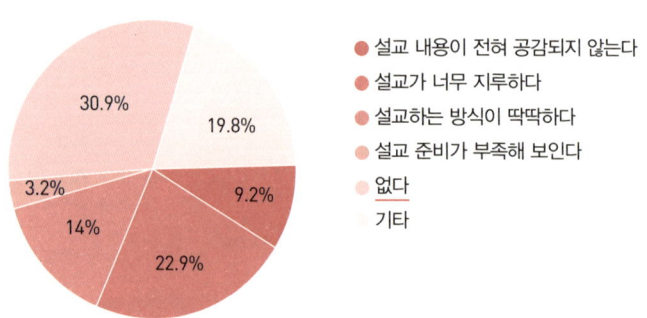

Q5. 우리 교회 청소년부 설교 시간에 학생들이 보이는 가장 나쁜 태도는 무엇이라고 생각합니까?

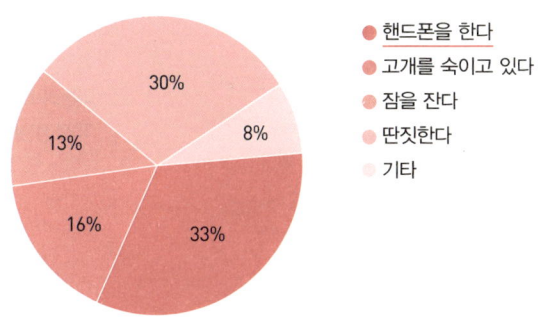

Q6. 가장 듣고 싶은 설교 주제는 무엇입니까?

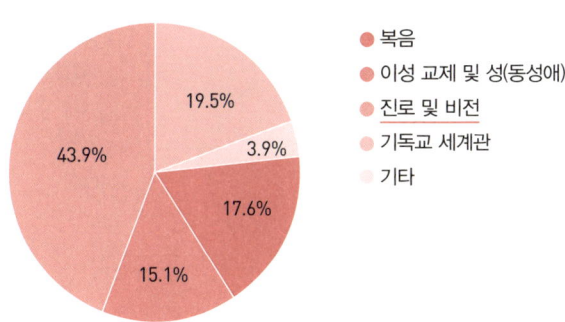

Q7. 청소년부 설교 길이는 어느 정도가 적당하다고 생각합니까?

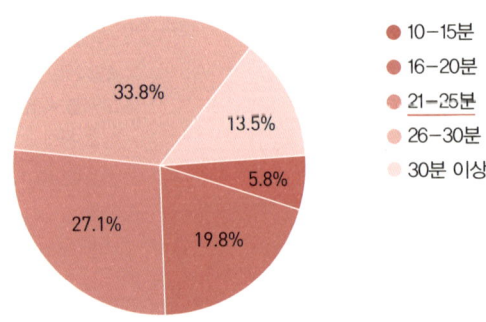

Q8. 다음 중 어떤 스타일을 사역자를 가장 선호합니까?

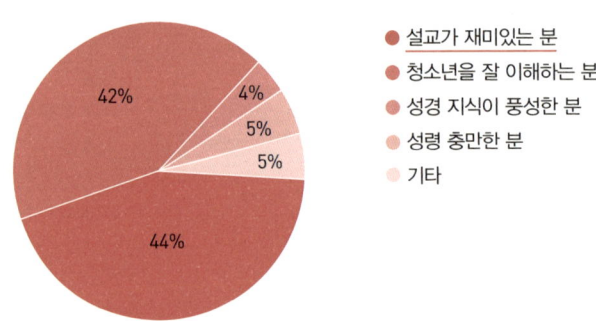

Q9. 1년 중 설교에 은혜받는 주일은 얼마나 됩니까?

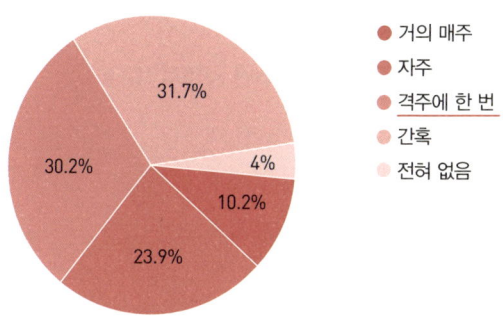

Q10. 청소년부 설교를 듣고 믿음이 자라고 있다고 생각합니까?

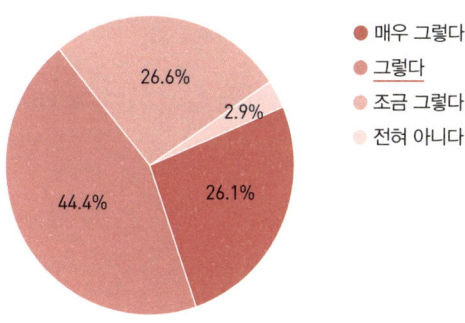

청소년 사역자를 대상으로 조사한 청소년 설교에 대한 설문 조사 결과

참여자: 청소년 사역자 112명

청소년 사역 연차

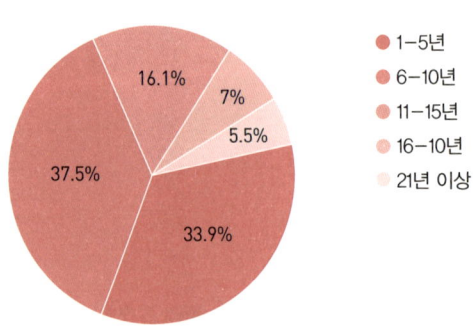

- 1-5년
- 6-10년
- 11-15년
- 16-10년
- 21년 이상

청소년 사역의 형태

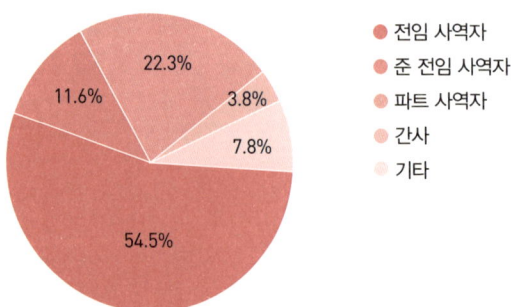

- 전임 사역자
- 준 전임 사역자
- 파트 사역자
- 간사
- 기타

Q1. 청소년부 설교 길이는 어느 정도입니까?

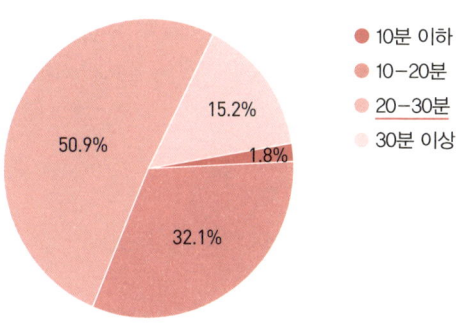

Q2. 청소년을 대상으로 설교할 때, 학생들은 주로 어떤 반응을 보입니까?

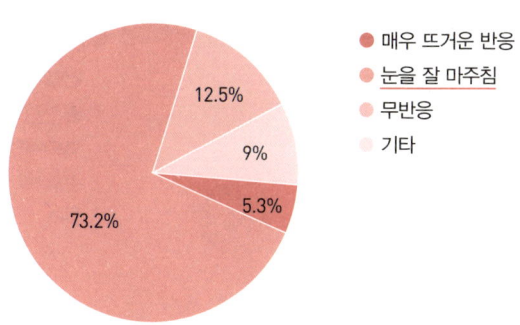

부록 2. 청소년, 청소년 사역자 대상 『설교 설문 조사』 결과

Q3. 청소년을 대상으로 주로 어떤 스타일의 설교를 합니까?

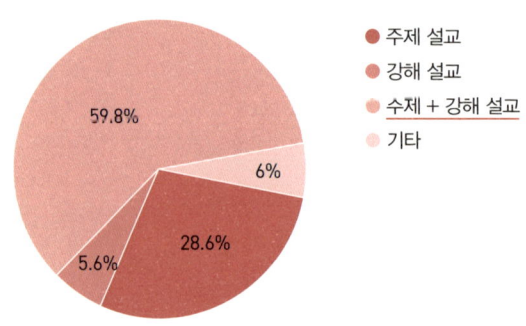

Q4. 청소년을 대상으로 설교할 때, 가장 어려운 점이 무엇입니까?

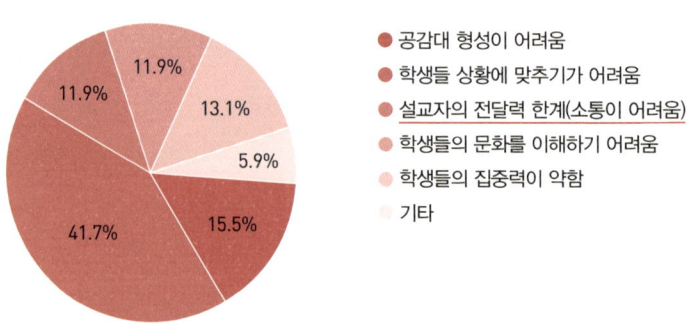

Q5. 청소년을 대상으로 설교할 때, 설교자의 만족도는 10점 만점에 몇 점 정도입니까?

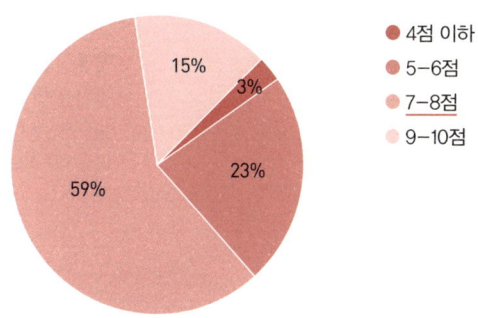

- 4점 이하
- 5-6점
- 7-8점
- 9-10점

Q6. 청소년을 대상으로 설교할 때, 가장 좋은 점(만족하고 감사하는 부분)은 무엇입니까?

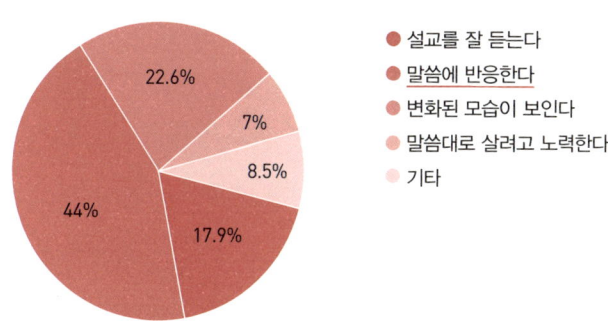

- 설교를 잘 듣는다
- 말씀에 반응한다
- 변화된 모습이 보인다
- 말씀대로 살려고 노력한다
- 기타

Q7. 사역자님의 설교를 들은 학생들에게 가장 많이 받는 피드백은 무엇입니까?

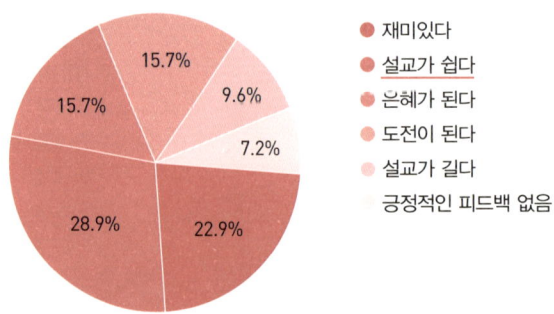

Q8. 사역자님의 설교를 들은 청소년부 교사들의 만족도는 10점 만점에 몇 점일 것이라고 예상합니까?

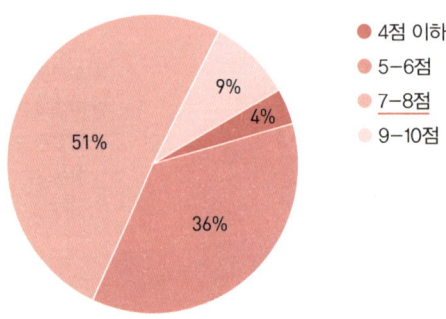

Q9. 청소년부 설교 주제 중 학생들이 가장 흥미 있어 하는 주제는 무엇입니까?

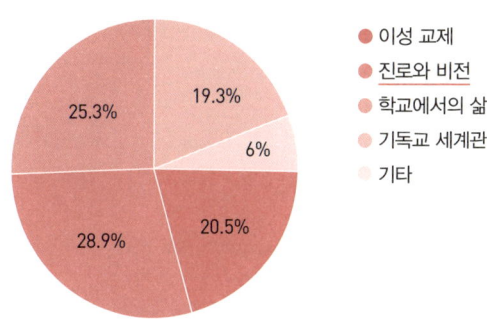

- 이성 교제
- 진로와 비전
- 학교에서의 삶
- 기독교 세계관
- 기타

Q10. 청소년들이 설교를 잘 듣지 않는 이유가 무엇이라고 생각합니까?

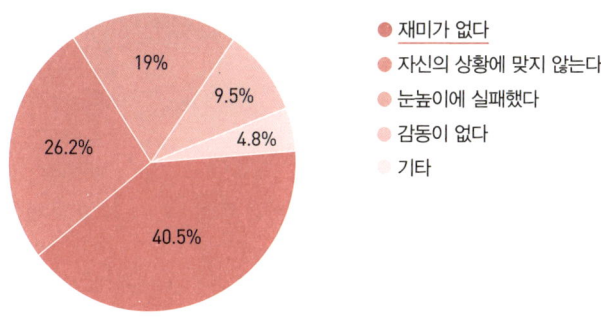

- 재미가 없다
- 자신의 상황에 맞지 않는다
- 눈높이에 실패했다
- 감동이 없다
- 기타

미주

프롤로그

1) http://www.gospeltoday.co.kr/news/articleView.html?idxno=6990.

Change 1. 자신의 설교를 점검하라!

2) 데이비드 고든, 『우리 목사님은 왜 설교를 못할까』, (서울: 홍성사, 2009), 19.
3) 청소년을 대상으로 조사한 청소년 설교에 대한 온라인 설문 조사.
4) 조광현, 『질문과 함께 배우는 설교』, (서울: 복있는사람, 2022), 24.
5) Dan Webster and Jana Sundene, "Speaking to High School Students", 『The Complete Book of Youth Ministry』(Chicago: Moody Press, 1987), 327.
6) http://www.christiantoday.us/21557.
7) 청소년을 대상으로 조사한 청소년 설교에 대한 온라인 설문 조사.
8) 김금용, 『청소년 설교의 길잡이』, (서울: 쿰란출판사, 2012), 72.
9) 릭 욘트, 『제자를 길러내는 디사이플러』, (서울: 베다니출판사, 2011), 61.

Change 2. 청소년을 제대로 이해하라!

10) 덕필즈·더피 로빈스, 『십대의 마음을 꿰뚫는 설교』, (서울: 국제제자훈련원, 2009), 105.
11) 스티븐 로슨, 『마틴 로이드존스의 설교를 만나다』, (서울: 생명의말씀사, 2017), 108.
12) 권호, "청소년 설교의 새로운 모델은 무엇인가?", 『청소년 사역자를 일으키라』, (서울: 베다니출판사, 2009), 251-258.
13) 쟈니 데로웬, "청소년들은 어떻게 배우게 되는가?", 『청소년 사역자를 일으키라』, (서

울: 베다니출판사, 2009), 112.
14) https://www.spurgeongems.org/sermon/chs3199.pdf.
15) Ted Johnston(National Youth Ministry Team Co-director), "Preaching that Connects with the Next Generation."
16) https://www.resourceumc.org/ko/content/how-long-should-a-sermon-be.
17) 청소년 사역자를 대상으로 조사한 청소년 설교에 대한 온라인 설문 조사.
18) 청소년을 대상으로 조사한 청소년 설교에 대한 온라인 설문 조사.
19) https://21erick.org/column/6456.
20) https://www.igcassociates.net/our-blog/the-benefit-of-leveraging-generational-differences- in-the-workplace.
21) https://www.zurinstitute.com/clinical-updates/digital-immigrants-digital-natives.
22) 권호, 앞의 책, 252.
23) 권호, 앞의 책, 254-255.
24) 청소년을 대상으로 조사한 청소년 설교에 대한 온라인 설문 조사.
25) 김대혁, "청소년 설교에 필요한 내용과 형식은 무엇인가?", 『청소년 사역자를 일으키라』, (서울: 베다니출판사, 2009), 251-258.
26) 서승미, 「청소년의 음악 감상 행동에 관한 연구」, 한국음악치료교육학술지: 음악치료교육연구, 2005. 1-14. https://musically.com/2019/10/30/study-finds-music-still-rocks-for-us-tweens-and-teens.
27) https://www.bamboohr.com/hr-glossary/generation-z.
28) http://english.ksfme.or.kr/xml/25924/25924.pdf.
29) 청소년을 대상으로 조사한 청소년 설교에 대한 온라인 설문 조사.
30) 이정현 목사의 청소년 교사 아카데미 자료.

Change 3. 청소년들이 좋아하는 설교자가 되어라!

31) 덕필즈·더피 로빈스, 앞의 책, 77.
32) 덕필즈·더피 로빈스, 앞의 책, 78.
33) 덕필즈·더피 로빈스, 앞의 책, 31-32.
34) 덕필즈·더피 로빈스, 앞의 책, 95.
35) 덕필즈·더피 로빈스, 앞의 책, 98-100.
36) 김대혁, 앞의 책, 222.

Change 4. 청소년 설교 커리큘럼을 디자인하라!

37) 청소년을 대상으로 조사한 청소년 설교에 대한 온라인 설문 조사.
38) 청소년 사역자를 대상으로 조사한 청소년 설교에 대한 온라인 설문 조사.
39) 하워드 P. 콜슨·레이몬드 M. 릭돈, 『교회 커리큘럼의 이해』, (서울: 대한예수교장로회 총회, 2002), 71.
40) 덕필즈·더피 로빈스, 앞의 책, 138.

Change 5. 청소년 설교 이렇게 하라!

41) 조광현, 앞의 책, 33-35.
42) 덕필즈·더피 로빈스, 앞의 책, 232.

사명선언문

너희가 흠이 없고 순전하여……세상에서 그들 가운데 빛들로
나타내며 생명의 말씀을 밝혀 _ 빌 2:15-16

1. 생명을 담겠습니다
만드는 책에 주님 주신 생명을 담겠습니다.
그 책으로 복음을 선포하겠습니다.

2. 말씀을 밝히겠습니다
생명의 근본은 말씀입니다.
말씀을 밝혀 성도와 교회의 성장을 돕겠습니다.

3. 빛이 되겠습니다
시대와 영혼의 어두움을 밝혀 주님 앞으로 이끄는
빛이 되는 책을 만들겠습니다.

4. 순전히 행하겠습니다
책을 만들고 전하는 일과 경영하는 일에 부끄러움이 없는
정직함으로 행하겠습니다.

5. 끝까지 전파하겠습니다
모든 사람에게, 땅 끝까지, 주님 오시는 그날까지
복음을 전하는 사명을 다하겠습니다.

서점 안내

광화문점 서울시 종로구 새문안로 69 구세군회관 1층
02)737-2288 / 02)737-4623(F)

강남점 서울시 서초구 신반포로 177 반포쇼핑타운 3동 2층
02)595-1211 / 02)595-3549(F)

구로점 서울시 동작구 시흥대로 602, 3층 302호
02)858-8744 / 02)838-0653(F)

노원점 서울시 노원구 동일로 1366 삼봉빌딩 지하 1층
02)938-7979 / 02)3391-6169(F)

일산점 경기도 고양시 일산서구 중앙로 1391 레이크타운 지하 1층
031)916-8787 / 031)916-8788(F)

의정부점 경기도 의정부시 청사로47번길 12 성산타워 3층
031)845-0600 / 031)852-6930(F)

인터넷서점 www.lifebook.co.kr